卡內基夫人

致女人

情 × 婚姻 × 社交，

樂絲・卡內基獻給每位人妻

陶樂絲・卡內基──著　梅子──編譯

陶樂絲・卡內基成名之作

連續 30 多年位居歐美女性最暢銷讀物排行榜前列

一本書改變億萬年輕女性的命運和生活

大量真實事例指出女性易犯的各種「生活禁忌」，

以輕鬆細膩的筆觸為成長中的女性提出極具建設性的忠告，

本書將這部經典之作獻給每一位渴望婚姻幸福的優雅女性──

目錄

第一章　做丈夫事業上的好幫手

做個「聽話」的好太太……012
不要挑剔妳的丈夫……017
當丈夫忠實的信徒……021
與他合作立下新的目標……025
使丈夫對工作產生熱忱……028
提高「熱心商數」的六種方法……033

第二章　給他額外的推動力

在必要時付出妳的關懷和幫助……040
學會與他的女祕書親密相處……047

目錄

鼓勵丈夫當學生……051
幫助丈夫對付意外的事情……059

第三章　給丈夫一個甜蜜的家

只是一個家庭主婦……064
真高興回到家裡……067
絕不浪費時間……075
摻了智慧的家庭烹調……082
她是多麼溫柔可愛……087
好妻子的十條原則……092
親暱愛人枕邊書……105
分享他的嗜好……120
讓他單獨享受一種嗜好……124
培養屬於自己的嗜好……129

第四章　妳該怎麼辦

快快樂樂的搬家……134
不要被丈夫遺落在背後……138
做個好妻子是一生的職業……146
丈夫工作過量時要怎麼辦……148
如何適應不平凡的丈夫……151
丈夫在家裡工作的時候……155
為什麼男人會離家……158
無效的干預……165
自殺和野心有關……169
當機會來到妳面前……175

目錄

第五章　妻子最偉大的奉獻

在丈夫的收入範圍內生活……184
丈夫的生命掌握在妳的手中……190
使丈夫廣受歡迎的三個方法……196
發揚丈夫的優點……202
提升愛情的品質……207

前言

本書作者陶樂絲·卡內基（Dorothy Carnegie）是世界著名勵志大師戴爾·卡內基（Dale Carnegie）的夫人，一九四四年與卡內基結婚，並成為他的工作伴侶和事業繼承人。

本書是陶樂絲·卡內基根據她在卡內基婦女講習會多年工作的體會，專門寫給婦女的生活教科書，是她根據卡內基的哲學思想、教育方式和卡內基著作的模式編寫的屬於她自己的專著，是卡內基哲學思想、教育體系的系統組成部分。

她透過「做丈夫事業上的好幫手」、「給他額外的推動力」、「給丈夫一個甜蜜的家」、「妳該怎麼辦」、「妻子最偉大的奉獻」等幾大部分，結合自己的人生經歷和大量調查研究，以輕鬆、細膩的筆觸為成長中的年輕女性在處理人際關係、演講口才、交友、職場晉升以及家庭關係等方面提出了許多極具建設性的忠告，為新一代女孩提供了一種更輕鬆、更快捷的駕馭生活、享受生活的獨特方式。

她還以大量的真實事例詳細指出年輕女性在生活中容易犯的各種禁忌，這些忠告不僅能幫助年輕的女性以健康的方式安排自己的生活，而且對她們今後的事業、愛情、婚姻、社會交際，乃至一生的幸福都會有深刻影響。

前言

世界上所有的女人都祈禱著自己的婚姻幸福、家庭美滿——而且祈望著自己的丈夫獲得事業的成功。

陶樂絲用自己的親身經歷告訴妳，如果每一位欲為人妻、已為人妻的女人能按照她的方法去做，最終都能達到自己的願望。這不是一種憑空的臆想，也不是一句誘惑人的廣告，而是已經被無數的嘗試過此法的人證明了的事實。

陶樂絲的作品告訴人們，任何女人，只要靈活、明智的運用這些方法，她就可以越過一切障礙，使自己的丈夫擁有一個美好的前程，並使自己擁有一個幸福、快樂、如意的人生。

在全球五大洲的五十多個國家，陶樂絲與丈夫卡內基一道幫助千百萬人成就了更具活力、更高品質和更令人滿意的生活，陶樂絲也因此而獲得了大量的生動事例和獨到的人生感悟，這一切都展現你手中的這一本書上。

本書以女性特有的視角，強調了女性魅力之源——人格發展與完善的要素。並從性格修練、心態調適、職業魅力、風度品格及成熟之愛等方面鋪陳展開。文章盡量用真人真事來印證所述觀點，從細微處小事入手，展示偶然中的必然，使每一個人——無論是豪門千金，還是寒門之女都能感受到生活的曙光。

陶樂絲和她的丈夫卡內基一樣，並沒有解決宇宙中深奧的問題。但她源於常理的哲理思考和教育實踐，卻施惠於千百萬人。這些哲理幫助人們學習處世的道理，幫助人們獲得自尊、自信和勇氣，幫助人們克服人性的弱點，發揮人性的優點，開發自身潛在智慧，從而獲得事業的成功和人生的快樂。

本書是陶樂絲的成名之作，自出版以後，連續三十年位居歐美女性最暢銷讀物排行榜，改變了億萬年輕女性的命運和生活。相信你的生活，也會因為捧讀此書而變得絢麗多彩。

前言

第一章　做丈夫事業上的好幫手

做個「聽話」的好太太

一九五〇年十二月，芝加哥的比爾．瓊斯從五樓樓頂上跳了下來，造成這個事件的主要原因是瓊斯先生那曾一度興盛的事業遇上了危機，因為他擴展得太快——債權人在催逼他——他的許多支票在銀行裡都無法兌現。最糟的是，他認為他的太太不能和自己一起承擔這些災禍，因為他的太太一直都以他的成功為榮。他沒有勇氣告訴她這些事，他害怕這些事會使她從幸福的巔峰掉進羞恥和絕望的深淵。

在這雙重的壓力下，比爾．瓊斯走上了他自己倉庫的樓頂。他遲疑了一下，然後跳了下來。他跌下五層樓，穿過底樓窗上的遮陽篷，跌落在人行道上。從地心引力和常識來判斷，他必死無疑，但是，令人難以置信的奇蹟出現了，他受到的最大傷害只是摔破了大拇指的指甲。最可笑的是，他所撞破的遮陽篷是他唯一一件完全付清款項的東西。

當比爾．瓊斯發現自己還活著時，異常激動，他覺得此前的所有煩惱都無足輕重了。五分鐘以前，他還覺得他的生命只是一堆毫無用處的汙穢——現在他因為活著而感到激動。他趕忙回家把整個事情說給他太太聽。他太太似乎慌亂了一會——那是因為他從前沒有把他的麻煩告訴她。她開始坐下來替他想辦法解決困難。在妻子的影響下，比爾．瓊斯第一次放鬆心情開始做一些正確而有用的思考。

沒過多久，比爾．瓊斯不僅償還了所有的欠款，而且事業再次發展起來。更重要的是，他已經學會如何和他的太太一起分享困難，就像一起分享勝利那樣。很顯然，比爾．瓊斯差一點就因為不知道自己的太太也能和他一起度過難關而喪失了自己的生命。

比爾．瓊斯的故事告訴我們，如果丈夫不信任自己的太太，不能完全算是太太的錯誤。有些男人、譬如以前的比爾．瓊斯認為，不應該用事業上的麻煩來打擾自己的妻子。這是錯誤的看法。他們想帶給太太所有美好的東西，想成為把成功的事業和上等的毛皮大衣帶回家的大男人。當事情不順利的時候，他們想辦法瞞住自己的太太，以免她們的小腦袋裡裝滿害怕與不安，他們恥於承認自己是會被征服的。他們從來沒有想到，要和太太一起來解決一些難題。

當然，我們有時會遇到另外一種情況：一些男人很想把他們的困擾說給太太聽，但是太太們卻不想聽或是不知道如何去開導他。

一九五一年秋天，一本雜誌刊出了一篇對公司員工的妻子所做的調查報告。他們引述一位心理學家的話說：「一位妻子所能做的最重要的一件事情，就是做一個善於傾聽的女人。她這樣做，不僅能夠給自己的丈夫最大的安慰和寬心，也同時擁有了無法估算的社會資產。一個文靜、不矯飾的女人對別人的談話著了迷，她所顯示的神情表示，她已經把談話中的每個字都消化掉了。這種女孩子最容易在社會上成功——不只是在她先生的人際圈裡成功，而且也在她自己的人際圈裡成功。」

以機智而聞名的杜狄．莫尼認為，一個懂禮貌的男人應該是這樣的：「當他在自己最了解的事情上被一個完全不懂的門外漢說得亂七八糟時，他仍舊很有興趣的聽著。」大部分的女人在丈夫面前也應該這樣。

怎樣才能成為一個真正的「好聽眾」呢？我認為，起碼要具備下列三個條件：

精神必須全面集中

精神的集中就是指每一種官能的全部集中，也就是說，我們在傾聽別人講話時，不僅要使用耳朵，還要使用眼睛、臉孔和整個身體。如果我們真正熱心的聽別人說話，我們就會在他說話時看著他，我們會稍微向前傾著身子，我們臉部的表情會有所反應。

瑪麗．威爾遜（Mary Wilson）是這方面的權威，她說：「如果聽眾沒有什麼反應，很少有人能夠把話講得好。所以當一句話打動你的心的時候，你就應該動一下身體。當一個主意真切的感動你的時候，你就該稍微改變一下坐姿，就像你心裡的一根弦被震動了那樣。」

如果我們想要成為好聽眾，就必須要表現得對一切都很感興趣——我們必須訓練我們的身體機敏的表達。

學習詢問誘導性的問題

所謂誘導性問題，就是在發問中巧妙的暗示發問人內心已有的那個答案。直截了當的問題有時候顯得粗魯無禮，但是誘導性的問題可以刺激談話，並且繼續推動話題。例如，直截了當的問法：「你如何處理勞工和主管的問題？」而誘導性的問法：「史密斯先生，你難道不覺得，讓勞工和主管在某些範圍裡獲得相互的妥協是很有可能的嗎？」

提出誘導性的問題，是任何想要成為好聽眾的人都應具備的技巧。如果妳在聆聽丈夫的談話時，想間接的提出他不想聽的勸告，那麼誘導性的問話就是一個不會失敗的技巧。我們只要像這樣發問：「親愛的，你認為，擴大廣告投入是能增加你的銷路，還是一種無益的冒險呢？」這個問題的表面並沒有勸告的意思，但是這種問法常會得到相同的結果。

和陌生人交談時，免不了會有些害羞。此時，打破沉悶的最佳就是正確的提問。當人們開始談到自己的想法，而不談天氣、棒球，或某某人的疾病時，他們就會說得忘我了。一個想法往往可以引導出另一個想法，這樣，沉悶的場面就打破了。

永遠不可洩露祕密

有些男人從來不和他們的妻子討論事業問題的一個原因是，這些男人無法相信他們的太太不把這些事情洩露給她的朋友或美髮師。他們講給自己太太聽的每一件事情，都從她們的耳朵進去而又從她們的嘴巴出來，進了另外一些人的耳朵。「約翰希望在維吉先生退休以後馬上得到公司經理的職位。」這是在橋牌桌上隨便說出的話，但是第二天就有人打電話給約翰對手的太太了——於是約翰在完全不知情的情況下，就被暗中排擠掉了。

我訪問過的一個總經理告訴我，他在家裡談論過的某個公司的問題，最後竟會流傳開來，致使他的職員喪失了對公司的信心。「我最討厭在超級市場或雞尾酒會上談論公司的業務，因為有些女人太愛多嘴了！」他對此類女人顯出了極度的輕蔑。

還有一些女人會利用丈夫的信任，在以後的爭論中拿丈夫曾經說過的話，作為攻擊對方的武器。「你自己親口告訴過我，你不應只因為一紙契約就買下那些過量而不必要的剩餘物品。而現在你說我浪費太多錢去買衣服。難道只有我奢侈？」

像這樣的場面發生幾次，這位小婦人的丈夫就會發現自己竟然提供了妻子攻擊自己的話柄，於是，他以後再也不會拿公司的問題「騷擾」妻子了。

成為一個好聽眾的最佳條件是：妻子不必以為只有了解先生工作的小細節，才能使他得到滿足。如果她的先生是個繪圖員，他不會希望他太太了解他如何畫圖。當他工作的時候，她對於發生在他身上的事情要有同情心、要抱有濃厚的興趣，以及注意力。

我所認識的一個會計師的妻子，對於會計一竅不通，但是我的朋友卻說：「甚至是我公司裡發生的最技巧性的問題，我都可以向她說個痛快，而她似乎都很直覺的領悟了。回到家裡，知道有一個人將會靈巧且有耐性的聽我講話，這是一件多麼奇妙的事啊！」

的確如此，擁有一對敏感的耳朵的女性是十分可愛的，她會為丈夫帶來許多好處，她的美麗甚至超過特洛伊城的海倫（Helen of Troy）。

不要挑剔妳的丈夫

「每一個男人事實上都擁有兩個自我，」查斯特菲爾德爵士（4th Earl of Chesterfield）在調查之後表示，「一個是他真正的自我，另一個是理想中的自我。」

如果一個人本來是羞怯的，他就渴望自己勇敢些；如果一個人並沒有廣受歡迎，他就渴望自己被大眾所喜愛，如果一個人缺乏信心，他就渴望自己成為毫無畏懼的人。

一個好妻子的職責，就是不要挑剔妳的丈夫，不要拿他來和妳所認識的成功者相比，也不要設法使他工作過量，應該溫柔的鼓勵他、讚賞他，為他加油打氣，盡力幫助他成為他理想中的那個人。

瑪喬麗．霍姆斯寫道：「當男人受到妻子的讚美，當他們聽到『你真了不起，我很以你為榮，我真高興你是我的』這種話的時候，幾乎是沒有人不會高興得跳起來的。」

許多成功的男人都可以證明這種說法的真實性。例如，有一位派克斯先生，他擁有派克斯貨運和裝備公司。他在給我的信中寫道：

「我確信，一個男人不但可以成為他理想中的人，而且也可以成為他太太所期望的人。好幾年來，我曾僱用過許多人，但是在我和他們的太太談過話以前，我絕不會輕易把一個需要信任或是負責任的職位交給他。妻子的人生觀以及她是否願意和善於鼓舞她先生的鬥志，可以決定一個男人在事業上的成敗。我自己的經驗就是一個例子。

我妻子的家庭非常富有，嫁給我之前她幾乎是要什麼有什麼，她本人又受過良好的教育。我沒有錢，只受過很少的教育，沒有什麼可以運用的資產——除了有個想要自己闖天下的欲望以及她對我的信心與信任之外，我什麼東西也沒有。

在我們婚後最初那幾年的困苦日子裡，當我面對失敗與挫折的時候，是她的理解和不斷的激勵鼓舞著我努力前行。

在我的生命中，如果有了什麼成功，都是由於我太太不斷的給我的支持。這幾年她身體一直不好，但是她很開朗，沒有流露出絲毫的頹廢。她的每一個想法都是要幫助我。早晨我離家的時候，她從不會忘了問我：『鮑伯，有沒有什麼事要我在今天辦好的？』當我回家的時候，她又要聽聽我這一天的情形。我希望自己永遠不會令她失望。」

不幸的是，有些女人並不像派克斯太太那樣，她們一心想要自己的丈夫超過本身的能力範圍，而成為她們想像中的樣子。這種女人永遠都在渴望比瓊斯的家裡更富有、開新車子、穿更貴的衣服、加入上層社會的俱樂部。因此，她們的丈夫永遠達不到令她們滿意的成就。使丈夫進步的方法，並不是要求他，而是鼓勵他。我們應該怎樣鼓勵一個男人，使他成為他理想中的樣子？這就要給他鼓勵和讚賞，要找出他最能夠施展才華的亮點。

作為一位好妻子，必須給丈夫一些鼓勵，永遠不可以對丈夫說「你不行，你失敗了」，或「你從來都不會為自己爭取什麼，我甚至懷疑你敢不敢對一隻鵝說一個『哼』字」。這種話會帶來怎樣的後果呢？

瑪格麗特·卡金·芭寧在寫給一本雜誌的一篇文章裡如此告誡我們：「如果他真的失敗了，他的老闆將會毫不遲疑的告訴他。但是在家裡，在早餐的時候，在床上，我們則應該勉勵他：人人都可以成功的！一個向丈夫說『你無論如何也不會成功』的妻子，只會讓她的丈夫更快的失敗。」

一九五二年春天，波士頓商會的行銷經理俱樂部主辦了一個關於推銷術的課程。這個課程總共需要五個晚上，大約有五百名推銷員和營業人員參加。在這個課程的最後一個晚上，這些行銷代表的太太們都被邀請前來參加，並透過一個特別的節目，告訴這些太太們一些方法，怎樣去鼓勵她們的丈夫變得更有智慧，並且如何幫助丈夫獲得更好的銷售成果。

其中一位演講者——《過個新生活》一書的作者大衛・蓋・鮑爾斯博士，他是一名行銷顧問，蓋・鮑爾斯協會會長。鮑爾斯博士建議每一位太太在每天早晨送先生出外工作的時候，能夠使先生充滿信心而且愉快的吹著口哨走出去。如果一位太太希望她先生提高銷售成果，該怎麼做呢？鮑爾斯博士這樣說道：「對他說他多麼瀟灑，即使他所喜歡的裝扮早已經過時了；讚美他所喜愛的領帶的花樣，即使並不好看；稱讚他的風度，而不要提起前天晚上在宴會上他所說過的失禮的話。讓他相信，他有能力去征服所有的顧客。不要懷疑，他真的能做到！」

真誠的讚美和激勵，是能使男人發揮出最大潛能的有效方法，值得每一位女性去嘗試。

當丈夫忠實的信徒

十九世紀末，在電燈公司當技工的亨利．福特（Henry Ford），月薪僅十一美元。他每天的工作時間是十個小時，下班後繼續在屋後的一個舊工棚裡工作，試圖為馬車研究出一種新的引擎。當時幾乎所有的人都在取笑他，認為他在白白的浪費時間。他們看到他整日擺弄那些沒用的東西，就更加確信他是一個徹頭徹尾的傻瓜，而這時，只有他的妻子在默默的支持著他。

當亨利．福特結束白天的工作後，就在妻子的幫助下，研究這項別人無法理解的工作。冬天白晝很短，於是，亨利太太便提著煤油燈和丈夫一起熬夜。寒冷的氣候把她的雙手凍成紫色，牙齒也在上下顫抖，但是她堅信丈夫總有一天會成功。亨利先生親切的稱呼她「信徒」。就這樣，他們在如此艱苦的環境裡熬了三個年頭，這個發明創造終於問世了。

西元一八九三年的某一天，也就是當亨利正要跨入他三十歲門檻之前的某一天，他的鄰居們被一陣奇怪的聲音吸引到窗口。他們看到那個被他們稱為大傻瓜的亨利和他的太太，正坐在一輛沒有馬的馬車上，那輛車子居然可以拐個彎又跑回來！

這個對現代工業影響重大的創舉就在人們的驚訝中誕生了。如果將亨利．福特稱為「新工業之父」，那麼福特夫人這位「信徒」，理所當然就被稱為「新工業之母」了。

五十年後，福特先生接受採訪時曾被問及到這樣一個問題：「如果有來世，您希望變成什麼？」福特回答，「對我來說，做什麼都無所謂，只要能夠和我太太在一起生活。」福特太太「信徒」的稱呼沿用了一輩子。

每個男人都是一樣的，當他們在艱苦的環境中掙扎的時候，在遇到危機和煩惱的時候，在他處於失敗邊緣的時候都需要一個忠實的信徒來護衛，男性需要一個能夠幫他建立信心和抵抗力的妻子。無論他身處何種境地，無論有多少人對他產生懷疑，妻子都不會動搖對丈夫的信任。如果連他的妻子都不相信他，又怎能奢望得到別人的信任呢？

絕對的信任對於一個經歷失敗喪失信心的人來說無疑是一種神奇的精神動力，它能夠讓你相信自己並永不言棄。這一點有洛博．杜佩雷的例子來證明。洛博．杜佩雷先生在給我的信中寫到：

「我一直想從事推銷工作。有一年機會終於來了，我當上了保險推銷員。但是，令我沮喪的是我的努力全都白費了，保險一點都沒有賣出去。因此，我感到了莫大的痛苦。精神一度緊張而痛苦，最後覺得只有辭職才能避免精神崩潰。」他說：「我已經心灰意冷了，感覺再也沒有機會成功了。但是我的妻子——陶樂絲不斷的鼓勵我：『沒關係，洛博，我相信這只是短暫的挫折，你是一個稱職並有潛力的推銷員，再來一次，你一定會成功的！』

我和妻子陶樂絲在一家工廠工作，她時常關心著我的舉止和談吐。在接下來有一年半的時間，她不斷讚美我的氣質，並且指出許多我自己都不知道的天賦才華，她說我一定能成為一個偉大的推銷員。如果不是她持續不斷的鼓勵我，我早已放棄重新開始的想法了。她一次次的告訴我，『洛博，我相信你，在推銷方面你是很有潛力的，一定不要放棄啊！』我怎麼能辜負她對我的信任呢？我離開工廠回到推銷工作上，這一次我完全相信自己了，因為我有了妻子的支持。她是我的忠實信徒，我還有什麼可害怕的呢？她成功的幫助我找回了自信，她使我相信，只要自己想去做就一定能達到目標。雖然我前面的道路很長，但是我已經信心十足了，有陶樂絲的支持，我相信我一定會成功的！」

擁有像陶樂絲這種太太的男人是幸福的，因為她們不會讓自己的丈夫承認失敗，即使丈夫一次次的在競爭場上摔倒，她們仍能做到適當而巧妙的鼓舞，消除丈夫所有的沮喪，將他重新送回去。因此，如果要是僱用推銷員，一定要選擇擁有這種信仰的男性。

偉大的俄國音樂家謝爾蓋．拉赫曼尼諾夫（Sergei Rachmaninoff）二十五歲時就是一個成功的作曲者，他本人為此感到非常驕傲。他曾經寫過一首很不成功的交響曲，這個打擊使他鬱鬱寡歡，很長一段時間內都無法振作。他的朋友們沒有別的辦法，只好帶他去看心理專家。

心理醫師尼可萊．達爾（Nikolai Dahl）先生是這樣做的，他告訴拉赫曼尼諾夫：「你的身上蘊藏著偉大的東西，等待你去發掘，並將之昭告天下。」達爾醫師一遍遍的重複這個觀點，漸漸的，這個想法又激發了拉赫曼尼諾夫的創作熱情，重新找到了自信。

隨後，他便創作出那首偉大的C小調第二協奏曲。這首曲子第一次在舞臺上亮相的時候，震撼了所有的聽眾。拉赫曼尼諾夫非常感激達爾醫師，並特別聲明，將這首曲子作為感謝達爾醫師的禮物。

我們不難看出，鼓勵對於男性的重要性，絕不亞於燃料對於引擎的重要性。鼓勵就是能夠讓男性繼續發動引擎的精神動力，可以使他們扭轉失敗的局面，使他們找到自信，最終獲得成功。

也許，我們會被一次次的失敗打垮，以至於因受到重大的挫折而放棄努力。這時，如果有我們信賴的人說：「親愛的，別灰心，這沒有什麼大不了的。我相信你一定會成功的！」那麼情況就會完全不一樣了。

《聖經》上有這樣一句話：「每個人都希望擁有自信，因為它能夠為我們看不到的東西做證明。」這就是說，聰明的妻子都會堅定的信任自己的丈夫。她們會用眼睛去看，也用一種特殊的視覺——內心的愛去看。欣賞和激勵，讓妻子看到了丈夫別人沒有發現的特質。

但是不要忘了，信任他就要讓他知道，用行動或語言表達出來妳對他的信任。妻子必須運用技巧——讚賞鼓勵，用充滿愛的語言去鼓勵他，用細微的行動去支持他。對妳的丈夫信任起來吧，做他的忠實信徒。

與他合作立下新的目標

尼克．亞歷山大在一所老式的孤兒院長大。那裡的孤兒們從早上五點工作到日落，吃的食物非常糟糕，還經常吃不飽。

尼克從小就渴望上大學。他是一個聰明的小孩——太聰明了，因此十四歲就從高中畢業。接著，他便踏入社會找工作，開始自食其力。

他所能找到的第一份工作，是在一家裁縫店裡操作一架縫紉機。他一直在那種環境下工作了十四年。後來，那家裁縫店加入了工會，薪資提高了，工作時間縮短了。在這期間，尼克．亞歷山大幸運的娶了一個女孩特麗莎為妻，妻子願意幫助他實現上大學的夢想，但這並不是一件容易的事。在他們結婚之後沒多久，裁縫店覺得人手太多，開始裁員。於是，這對年輕的夫婦決定自己去闖天下。他們把存款聚集在一起，開了一家「亞歷山大房地產公司」。特麗莎甚至把訂婚戒指也賣掉了，以便增加他們那筆小小的積蓄。

公司的業務蒸蒸日上。兩年之後，在特麗莎的支持下，尼克去上大學。他在三十六歲的時候，得到了學位——這是他人生道路上所抵達的第一個里程碑。

尼克又回到公司從事房地產事業——成為他太太的生意夥伴。他們又有了一個新目標——擁有自己的海濱別墅。終於，他們也實現了那個夢想。

現在，這對夫妻是否認為可以不用工作，坐下來輕鬆輕鬆呢？沒有。他們有一個小女兒要受教育。如果他們能把他們商業大樓的分期付款繳清，把大樓變成公寓出租，收入的租金就能支付他們孩子的大學費用了。因為一心一意要達到這個目標，他們終於做到了。

尼克．亞歷山大夫婦目前正在為他們的退休保險金努力。現在尼克單獨打理事業，特麗莎則照顧自己的家。亞歷山大夫婦過著一種忙碌、幸福、成功的生活，因為他們面前總是有一個目標，使他們的人生有了明確的方向。他們都感同身受蕭伯納（Bernard Shaw）

的一句真理：「我厭棄成功。成功就是在世上完成一個人所做的事，正如雄蜘蛛一旦授精完畢，就被雌蜘蛛刺死。我喜歡不斷的進步，目標永遠在前面，而不是在我的身後。」

在現實生活當中，很多人沒有生活目標，不知道自己要什麼，糊裡糊塗的過了一輩子。他們只活在狹窄的空間裡，過一天算一天。而那些在人生道路上收穫最多的人都有一個清楚堅定的目標，而且，這些人的警覺性特別高，耐心的等待，更是積極的創造機會，機會一到馬上就能將其牢牢抓住。

這裡引用安迪．海沃德的一位顧客所說的話：「我希望我丈夫永遠不會感到自我滿足而停滯下來。我們結婚五年了，每一年都有新目標——首先是他的學歷，接著是進修課程，然後是一年的自由撰稿工作，現在是他自己的事業。等到他告訴我他的錢夠了，教育夠了，經驗夠了，我就知道蜜月旅行已經結束了。」

可見，不論你抓在手裡的是什麼，別忘了最終的結果。這是一條顛撲不破的真理。因此，妳要與妳的丈夫合作，在一個目標達到之後，馬上立下另一個新的目標。無數事實證明，不斷追求新目標的人，必將獲得成功的人生。

使丈夫對工作產生熱忱

曾任紐約中央鐵路公司總裁的弗里德利．威爾森在一次廣播訪談中，被問到如何才能使事業成功時，他是這樣回答的：

「我深切的感到，一個人經驗的多少關係著他對事業認真的程度，這是一般人容易忽略的成功祕訣。成功者和失敗者的聰明才智，相差並不大。兩個能力相當的人相比，對工作較富熱忱的人，一定比較容易成功。一句話，具有實力並對工作富有熱忱的人往往具有更多成功的機會。

一個熱忱的人，無論他從事的是什麼職業，都會認為自己的工作是一項神聖的天職，並懷著濃厚的興趣。熱愛自己的工作的人，不論工作有多麼困難，或需要多大的訓練，始終會用不急不躁的態度去完成。當然，對工作持這種態度的人，無論他面臨什麼樣的艱難困境，他都能克服，並且成功的達到目標。愛默生（Emerson）說過：『有史以來，沒有任何一件偉大的事業不是因為熱忱而成功的。』我認為這是最能夠解釋熱忱對成功的重大影響的了。」

如果你讀了一本書，只體會到對工作具有熱忱是最重要的事，即使沒有其他收穫的話，也沒有關係。因為這一點是最重要的，憑藉它妳就可以幫助妳的丈夫走上成功之路了。所以說對工作熱忱，是每一個渴望成功的人必須具備的條件。

熱忱這個詞源自希臘語，在那裡被解釋為「受了神的啟示」。這說明對工作熱忱的人，具有無窮的力量。

威廉·費爾波是耶魯大學最受歡迎的教授之一。在他那本著名的《工作的興奮》一書中，他這樣寫道：「我對教書感興趣，所以我認為，教書凌駕於一切技術或職業之上。如果有熱忱這回事，這就是熱忱了。我對教書的熱愛，正如畫家對繪畫的熱愛，作家對寫作的熱愛一樣。每天起床之前，我就興奮的想著關於學生的事……人們的事業之所以能夠成功，最重要的因素就是對自己每天的工作充滿熱忱。」

所以對妳來說，幫助丈夫培養對工作的熱忱是十分必要的。妳可能會問，如何培養呢？妳必須先使妳丈夫認清自己的工作，抱著熱忱的態度，這是很重要的。比如一個老闆，都知道僱用熱忱者的重要性，他們也在千方百計的尋找這樣的人才。亨利·福特說過：「我喜歡具有熱忱的人。他熱忱，就會使顧客熱忱起來，於是生意就做成了。」也有人說過：「只有對工作毫無熱忱的人才會到處碰壁。」還有一種有點極端的說法是：「對任何事都熱忱的人，無論做任何事都會成功。」

當然，這也得視情況而論。譬如一個對音樂毫無才氣的人，不論如何熱衷和努力，都不可能成為一位音樂家。因此說，有著現實的目標，加上有實現該目標的能力，再加上對該目標有極大熱忱的人，做任何事都會有所收穫，不論是在物質上還是精神上。

可以說，熱忱對於工作來說是不可或缺的，即使需要高度技術的專業工作，也需要這種熱忱。愛德華．阿普爾頓（Edward Appleton）是一位偉大的物理學家，曾協助發明了雷達和無線電報，並獲得了諾貝爾獎。他曾說過這樣一句深具啟發性的話：「我認為，一個人想要在科學研究上有所成就，熱衷的態度遠比專門知識更重要。」

既然熱忱在科學的研究上都這麼重要，那麼對普通的職員來說，豈不是有著更重要的意義嗎？

下面我們引用著名的人壽保險推銷員法蘭克．派特的一些話對此加以說明。他那本《我如何在推銷上獲得成功》，在銷路上，打破了以往任何一本關於怎樣推銷的書籍。我們一起來看看他的著作中的一些經驗之談：

當時正是一九〇七年，這一年對我來說並不平凡，因為在這一年，我遭到了有生以來最大的打擊，那是我剛轉入職業棒球界不久，就被開除了。我的動作太無力，因此球隊的經理有意要我走人。他對我說：「你這樣慢吞吞的，好像是在球場混了二十年。跟你說實話，法蘭克，無論你走到哪裡，也無論你從事什麼工作，若不提起精神來的話，你面對的將永遠都是失敗！」

在那裡我的月薪是一百七十五美元，離開之後，我參加了亞特蘭斯克球隊，月薪減為二十五美元。有時候高薪水也是一種動力，這麼低的薪水，我做起事來缺乏熱忱了，但我決心努力試一試。大約十天之後，一位名叫丁尼．密亨的老隊員把我介紹到新凡去。當時我並不知道去新凡的決定將改變我一生和命運。

那個地方不存在我的過去，於是我就決心變成新英格蘭最具熱忱的球員。為了實現這點，當然我必須努力拚搏才行。

我一上場，就如同全身充足了電。我強力的投出高速度的球，使接球人的雙手都麻木了。有一次最為精彩，我以猛烈的氣勢衝入三壘，那位三壘手嚇呆了，球接漏了——我盜壘成功了。當天氣溫高達攝氏三十八度，我在球場奔來跑去，很可能會中暑昏倒。

是這種熱忱帶來了驚人的成果，後來我對其進行了總結，產生了下面的三個作用：

◈ 我心中再也沒有恐懼，從而發揮出意想不到的水準。

◈ 其他隊員也被我的熱忱所感染，從而使整個隊都充滿了活力。

◈ 我沒有中暑，在比賽時和比賽後，我都感到從來沒有過的健康。

次日早晨，當我讀早報時更加驚喜。報上說：「那位新加進來的派特，無異是一個霹靂球，全隊的人，在他的影響下都充滿了活力。他那支球隊不但贏了，而且是本季最精彩的一場比賽。」

當然，我的熱忱也為我帶來了物質上的獎勵，我的月薪由二十五美元提高到一百八十五美元，增加了七倍。

在以後的兩年裡，我一直擔任三壘手。薪水加到三十倍之多。為什麼呢？這全都是熱忱的功勞。

但後來很不幸，三壘手派特因手臂受傷而放棄了打棒球。然後，他到菲特列人壽保險公司當保險推銷員。但是一年多的努力都是白費，他沒有創造什麼業績，因而他很苦悶。不過後來他又變得有熱忱起來，就像當年打棒球那樣。

現在，他是人壽保險界的大紅人。不但有人請他撰稿，還有人請他分享經驗。他說：「這三十年來，我從事推銷工作，我見過的人中，有由於對工作保持著熱忱的態度，使他們的收入成倍數增加起來的；還有由於缺乏熱忱而走投無路的。我堅信，唯有熱忱的態度，才是成功推銷的最重要因素。」

透過上述的講解，你可以看到熱忱對人們所產生的驚人效果。作為妻子，對妳的丈夫投注滿腔熱忱，同時鼓勵丈夫對工作投注滿腔熱忱，也應該有同樣的效果。從上面的例子中，我們也可以得出以下結論：熱忱的態度，是做任何事必備的條件。

我相信妳一定會使妳的丈夫深信這個道理！任何人，只要具備了這個條件，都能獲得成功，他的事業，必會飛黃騰達。

如果妳希望妳的丈夫事業有成，從現在開始，就應該使他建立對工作認真的觀念，使他認清熱忱態度的重要性，再幫助他實施「熱心商數」的六個方法，下面我們要講的就是這個內容。

提高「熱心商數」的六種方法

這六個規則一次又一次的被應用並獲得了成功的結果，它們的力量是神奇而偉大的。記得要讓妳的丈夫試試看喔！

下面就是這六個規則的內容：

盡力去學習你所負責的每一件特定工作，以及這些工作和公司整體的關係

大多數人都認為自己只是依附在一個龐大的毫無人性的機器上的一個齒輪，他們並沒有意識到自己特定工作的重要程度。同時，也因為他除了別人要他天天做的工作以外，對任何需要學習的東西都不感興趣。

多了解一些與本職工作有關的知識，可以增加你的熱心度。還記得這樣一個故事嗎？兩個做同樣工作的人被問及到他們在做什麼，其中一個回答：「我正在砌磚塊。」而另一個卻是這樣回答：「我正在建造一座富麗堂皇的宮殿。」

著名記者塔貝爾說過，她有一次花了好幾個星期，去為一篇五百多字的文章蒐集資料——雖然事實上她只用了資料的一部分。後來她說道，那些沒有使用的資料並不是沒有價值的，它們將會增加自己的實力。由於她所掌握的東西比寫這篇文章所需要的更多，所以她能夠寫得更輕鬆、更自然、更有信心，也更具權威性。

在這一點上，班傑明．富蘭克林（Benjamin Franklin）的例子就是個有力的證明。想當初，富蘭克林還在一家臭氣熏天的肥皂廠當雜工。他盡自己的能力了解了整個製造程序，而且對自己能為成品做出貢獻而感到自豪和驕傲。

工廠訓練推銷員的時候，需要教給他們所推銷產品的製造細節。儘管這些知識在推銷

的時候很少派上用場，但對自己產品的透澈了解，會使得推銷員在對顧客推銷的時候更有權威和熱心，因而也更有利於打開更好的銷路。

當我們對一件事情了解得越多越深刻時，就會對它產生更強烈的熱心。所以，如果妳發現妳的丈夫對工作缺乏熱心，那麼妳就該找出這種現象產生的根本原因了。很可能是因為他對自己的工作知道甚少，或是不了解自己在整個工作程序中所做的貢獻使然。

鎖定一個目標，並立志要完成它

如果一個人想要立志成功的話，就一定要明確自己的奮鬥目標。他必須知道他正在為什麼目標而工作，然後他才能為之奮鬥。一個知道自己目標的人，就不會因為挫折和失敗而氣餒了。

班傑明．富蘭克林曾說過這樣一句話：「讓每個人確信他的工作和職業特殊而神聖，而且耐心的做著——如果他想要成功的話。」關於這一點，我們可從英國詩人山繆．泰勒．柯勒律治（Samuel Taylor Coleridge）身上吸取教訓。他留給後代的詩大部分都是尚未完成的，因為他把自己的才華分散得太微細，因而也就太浪費了。在他死後，查爾斯．蘭姆（Charles Lamb）寫信給朋友時說：「柯勒律治死了，聽說他留下了四萬多篇關於形而上學和神學的論文，但遺憾的是，沒有一篇是完成的！」

耐心的和妳的丈夫一起討論對於未來的計畫，並幫助他弄清楚他的目標和志向。鼓勵他嘗試完成明確的目標，而不要整天生活在一個虛假的夢幻世界裡。

每天都為自己加油打氣

也許你會認為這個方法有點幼稚，但是許多相當成功的人士都認為這是個建立熱心的好方法。新聞分析家卡特本說，他年輕而毫無建樹的時候，在法國當推銷員，每天走訪許多不同的人家，每天出發之前都要為自己加油打氣。

魔術大師荷華．索斯第堂在他的化妝室裡既興奮又活躍，還不停的大聲喊道：「親愛的觀眾，我愛你們。」直到他的血液沸騰起來，然後他才走到舞臺上，開始充滿活力和愉快的表演。

大多數人都是在毫無精神的狀態下生活著。為什麼你不在每天早上對自己說：「我愛我的工作，我將要把我的能量完全釋放出來。我很高興這樣活著，我今天將要百分之百的活著。」

不要以自我為中心，要時刻謹記為他人服務

亞里斯多德（Aristotle）提倡「開通的自私」，這對每一個追求進步的人來說無疑是一個好方法。

對於那些以自我為中心的人，他們在工作時，一隻眼睛注視著時鐘，而另一隻眼睛則注視著他們的薪水。這樣的人終究會一事無成的。

為別人服務會產生熱忱，許多有能力的人選擇低薪的社會服務和傳教工作，而不去從事比較自我的職業以獲得物質上的富裕，這就是很好的例證。

選擇熱心的朋友，拒絕那些缺乏熱心的人

愛默生說：「我最需要的，是有個人來讓我做我能做的事。」開放我們的心懷，廣交熱心的朋友是很有必要的。

也許妳無法控制丈夫的工作環境，但是我們可以幫助他結交朋友和培養活力，從而激發丈夫更有創造力的思考和生活。

每一個團體都有那種充滿熱心與熱情的人，如果妳希望妳的丈夫煥發出熱心，對生活充滿活力的話，妳就要把找出這種人當作妳的職責，並且幫助妳的丈夫和他們往來。然後

注意在接觸過程中他身上碰撞出的火花，進而引發出他的理想。

《售貨的五大原則》一書的作者說：「避免和那些悶悶不樂的人來往，那些缺乏熱心，那些把他們的腳步和心思浪費在天天不變的例行工作上的人。」我想，這個建議應該是一個很有價值的勸告。

強迫你自己熱心的工作，你將會變得更熱心

威廉．詹姆士（William James）教授在很早以前，就在哈佛大學教導這個哲學了。「如果你追求某種情緒，」詹姆士說，「你就認為你已經有了這種情緒，而假裝你已經有這種情緒，那麼就離你真的擁有這種情緒不遠。所以說，某種情緒的有無與你自己的意願有著相當大的關係，如果你想要熱心，那麼你就真的能做到熱心的工作。」

第二章 給他額外的推動力

在必要時付出妳的關懷和幫助

有一天早上，公車裡的人尚不多，一個活潑敏捷、衣著時髦的年輕女郎，手持獵槍跳上了汽車。

她是個廣告噱頭？或是個女怪人？許多乘客都在他們的座位上坐立不安，直到這位女士到了她要去的車站，平靜的扛起武器走下車子到街上去，公車的司機和全體乘客才同時鬆了一口氣。

其實，這只不過是愛多麗亞·費雪在幫她先生的一位顧客的忙，把這支賒帳買來的獵槍送回原來的店裡去。

她的丈夫梅爾·費雪是一家家用電器工廠的成功推銷員，愛多麗亞曾經想出許多方法來幫助他擴展工作，所以他稱她是「星期五女郎」。

費雪太太想幫助她丈夫發揮能力，去做工作上的大事，改進生意，照顧顧客，增加銷售。她想，如果她能夠幫先生處理一些細小、但屬必要的雜務，她先生將能夠發揮出全部的才能。

費雪先生有許多信件必須在家裡處理，所以愛多麗亞學會了打字。她丈夫的工作需要開車跑遍三十個州，所以愛多麗亞學會了開車。「我曾開車把梅爾從紐約時報廣場送到舊金山金門大橋，」她驕傲的說，「對他來說，這是一件很簡單的事，對我來說可就是個奇妙的經歷了。」

費雪太太在愛好方面也盡量為她丈夫的事業設想。她收集了許多舊熨斗——有些已經有一百五十年的歷史了——她還為她先生畫了許多彩色海報，以便在銷售會上宣傳和陳列。

由於愛多麗亞．費雪曾付出自己的力量，所以她從丈夫的成功之中獲得了更多的成就感和興奮感。當費雪先生在田納西的一次銷售會中演講完以後，觀眾之中有個人告訴他：「我不知道今天晚上誰對你的演講最感興趣——是推銷員還是你的太太呢？」

妻子的迷人風采和在演講會上的轟動效應，是對費雪先生事業的最好的廣告。難怪費雪先生會把他的太太當成不可缺少的了。

許多女人沒有想過要做費雪太太所做的事。「他僱來的女祕書是做什麼用的？」她們會這麼說，或者說，「當公司願意付我薪水的時候，我也可以做亨利的小幫手，但是到了那個時候，他已經可以像我這樣，把自己的工作愉快的做得很好了。」

是的，這是丈夫們的前途，但是，妻子們應該知道，有時候他從妳那裡得到的一點額外幫忙，可以帶給他極大的鼓勵，使他走得更快更高遠。

進一步說，妳能幫妳的丈夫哪一種忙，這要看他工作的類型而定。也許他需要妳幫忙做點文書工作：打字、寫報告、處理信件。也許是接電話，為他開車，查圖書或雜誌資料，這些工作都可以減輕他的負擔，使他有精力做更有價值的工作。如果妳希望像這樣幫助妳的丈夫，但是卻不太清楚從哪裡著手，那就請他替妳出個主意。

當然了，假若妳是一個有家務事要做，有幾個小孩子要照顧，家裡又沒有女傭的女人，去幫助妳的丈夫而成為他的「星期五女郎」，那是不現實的。可是有些女人卻能把這些家事都做好，又有效率的幫助自己的先生，她們的動機是：給丈夫一個額外的推動力。

彼得．阿塔多就有這樣一個妻子。當年輕的彼得．阿塔多從第二次世界大戰服役中退伍以後，他以一輛汽車和八百美元資金創辦了亞斯坎．來蒙欣汽車服務公司。

當老字號的計程車公司忙得無法照料所有顧客的時候，有些人就轉而叫彼得的車子了。彼得的服務快速、熱忱且講求效率，於是人們就開始更多的光顧彼得的公司了。由於他不能同時開車子與聽電話，所以彼得的妻子羅絲就自告奮勇的替她先生接聽電話。她要彼得在家裡裝設一部業務電話分機，電話分機裝好了，羅絲就擔負起接聽電話的責任。

不久，彼得一個人就忙不過來了，他必須另外請一位司機入夥。但是當彼得出外的時候，羅絲依然要接聽他的電話，除此之外還必須照顧他們的三個小孩子，並且做完她所有的家事。彼得說：「不管我花多少薪水，也沒有辦法僱到一位像羅絲這樣有責任心，而且有興趣為顧客服務的人來接聽電話。羅絲和我一樣清楚的知道老主顧的姓名和住址——她從他們的惠顧之中得到許多樂趣。他們知道羅絲不會給他們不正確的消息，不會在我跑長途的時候想辦法拖延他們。如果我沒有空，她甚至會替他們到別家計程車公司叫輛車子。我不能沒有這樣的妻子和幫手！」

再聽羅絲是怎麼說的：「如果丈夫需要的話，我即使再忙也會設法幫助他的。當然，我不僅要幫先生，還要把家事安排得有效率，做到工作家事兩不誤。」

有些女人在家裡沒有小孩子需要照顧，她們就可直接到先生的辦公室，或是營業的地方，給她們的先生力所能及的幫助。貝拉．德拉斯太太就是這樣做的。

德拉斯太太的丈夫是一家診所的醫師，當他缺助手時，她便補了這個缺，直到找到了一個合適的祕書。她把工作做得非常漂亮，彷彿她一直就在那裡做事似的。她利用上午處理家務，下午則幫助她的醫師丈夫。

德拉斯先生說：「對貝拉來說，這不僅僅是一件工作而已，對於每一位要我出診，或是到診所來的病人的健康，她和我同樣的關心。」

我們都知道，妻子為丈夫所做的任何工作都具有額外的意義。他們的興趣會緊緊的結合在一起，不只為工作也為了生活。她沒有辦法不對自己的工作付出更多。如果人人都能做一個像「星期五女郎」那樣的妻子，就能大大減輕那些成功人士的負擔。

安東尼．特洛勒普（Anthony Trollope），是個英籍小說家。他說在他的原稿印行之前，除了他的太太之外，沒有人曾經看過或者批評過一個字，「她的鑑賞力給了我最大最大的幫助。」法國作家阿爾馮雲．道狄不敢結婚，因為他害怕婚姻會使他的想像力變得遲鈍。後來他認識了朱麗．亞拉得，開始改變了他的想法。他的一些最好的作品，都是在和朱麗結婚之後寫出來的。朱麗有著非同一般的文學鑑賞力，道狄非常信賴她的評論。他的兄弟說：「道狄寫好的稿子，幾乎沒有一張沒被朱麗改過、修過以及潤飾過的。」哈柏是偉大的瑞士博物學家以及蜂類權威，從十七歲的時候眼就瞎了。他的妻子鼓勵他研究博物歷史，並且依照他的意念，用自己的眼力和觀察幫助他走向了成功之路。

如果對自己丈夫的工作或職業沒有一些常識或了解，而想要給他適當的幫忙，這幾乎是不可能的事情。事實上，太太們了解得越多，對丈夫的幫助也就越大。如果當太太的對丈夫的工作幫不上什麼特殊的忙，但她了解他的工作，支持他的工作，那麼，她起碼可以成為一位更有同情心、更加聰慧的伴侶。

在詹姆斯．馬修．巴里（James Matthew Barrie）爵士可愛的戲劇《每一個女人都知道的事》中的一個場景裡，瑪姬．偉利上床時在手臂下夾著一本她的未婚夫正在看的深奧法律書籍。她對她的兄弟們解釋說：「我要弄明白他知道的所有事情。」

妻子熟悉丈夫的工作常識，已經被公認為對丈夫的成功有著很大的刺激作用，所以，工業界絕大多數雇主們現在正努力使他們雇員的太太們得到那些相關常識。

幾年前，若想使一個大公司職員的太太，除了知道他先生服務的單位以外，再多了解一些與他工作有關的事情，真是太難了。然而現在情況已經發生了很大變化，「公司太太們」現在正受著各種不同方式的知識轟炸：影片、演講、小冊子、公司出版刊物等等。

道斯謝是利里．杜禮柏茶杯公司的總經理，一本雜誌引述他的話，說他正計劃每兩個月發行一份關於公司業務的小冊子給職員的太太們。「如果她們念了這些小冊子，」道斯謝先生說，「她們就會情不自禁的對公司業務產生興趣。」「對公司業務產生興趣」的妻子，是她的丈夫與她丈夫的雇主的最重要盟友。

瑞士奧爾利康市的某家機械製造工廠，安排了職員的太太們參觀訪問的日程。在這幾天裡，太太們參觀了整個工廠，並且聽他們解釋各種製造程序。工廠的經理們發覺，這是一項非常高明的策略，因為他們時常可以從這些太太們那裡獲得改進的建議。

令人驚訝的是，許多美國公司紛紛效仿此法，他們也收到了相同的效果。例如，布雷克皮鞋公司也安排職員太太們去工廠訪問，他們鼓勵這些太太們對公司的計畫和政策提出自己的看法和建議。

在《今日女性》雜誌裡，馬丁．蕭爾提到一位女人，她參加了中西部一家製造家用器具廠主辦的一次訪問。當她看到她先生在他的機器旁工作的時候，她有了個想法。那天晚上，她問她丈夫，為什麼他的機器不使用腳踏板來代替那個高過人頭的槓桿——換個腳踏板將會節省許多時間和不必要的動作。她丈夫覺得這個說法很合理，於是把這個建議告訴了他的老闆。當這個建議實現後，他的生產力增加了大約百分之二十，而這個創意也使他得到了三百五十美元的獎金。

男人把他生命的大部分都奉獻在工作上，他的妻子有特權來分享任何一種占去了他大部分時光的職業。做太太的在必要的時候付出她的關懷和幫助，不僅可以幫助她的丈夫得到成功，也可以得到分享報酬的樂趣。

托爾斯泰（Tolstoy）的不朽古典文學名著《戰爭與和平》出版前，他的太太竟然把這部不朽的作品親手謄寫過七遍。她是個真正的「星期五女郎」。如果不是後來她的嘮叨害了她，她應該是一個非常優秀的女人。

學會與他的女祕書親密相處

如果說女人最要好的朋友是自己的母親，那麼，男人最親近的朋友又是誰呢？很簡單，當然是他的女祕書。一個稱職的祕書應該最大限度的提高老闆的工作效率。她忙於促使老闆的工作順利進行，還要照料著做不完的瑣事。她注意著老闆的意念，並且要隨著他的情緒，消除他受到的打擊等等。

女祕書的工作範圍，小到削鉛筆，大到接見訪客，她們看上去就像個經紀人。如果沒有女祕書周到的服務，美國商業界的巨輪很可能就不會旋轉得這麼平滑了。

毫無疑問，一個好祕書，的確是男人事業成功的重要助手。對一個盡責的妻子來說，這種說法有什麼意義呢？這只是說：好祕書和盡責的妻子兩個人有一個共同的目的，都是要使男人的事業更加遠大。她們兩個人都同樣關懷著他最終的成功。如果她們能夠互相合作，朝著一個共同的目標努力，而不是互相對立，就可以把本不該分散的效率加倍。

但是，很遺憾，妻子和女祕書常常處於對立面上。可能一方暗中產生猜疑，或是兩個人同時嫉妒著對方的貢獻或影響。女祕書也許會覺得妻子自私或多管閒事，而妻子也會埋怨自己的丈夫依賴著另一個女人。

想要維持良好的關係，妻子的態度更具決定性。好祕書是為了要保住她們的工作，她本來就希望和每個人融洽相處。

做妻子的一旦明白這個道理就能夠觀察、引進一些規則，總結出一些減少摩擦的經驗，從而加強彼此間友善的關係，促進合作。

不要猜疑

雖然丈夫在妻子眼裡很有吸引力，值得追求，但這並不是說他的女祕書就會把他當成目標。女祕書對於老闆的感情僅僅限於欣賞，很少會動真情。

當業務上發生問題，迫使丈夫要加班工作時，最需要妻子的諒解了。妻子要知道，她的丈夫和女祕書正在辦公桌前絞著腦汁，而不是跑到夜店喝香檳去了。如果丈夫與女祕書一起工作，而不是獨自一個人，當妻子的應該感到慶幸才對，因為她知道有人將會在適當的時候提醒他不要因為工作而忘記吃東西。

不必嫉妒女祕書的漂亮、迷人和工作

由於業務上的需求，女祕書會打扮得漂亮一點。當妻子的，如果想要裝扮得同樣漂亮，也是毫無問題的，她們有更多的時間和金錢花費在自己的裝飾上。如果要嫉妒女祕書，倒不如把自己打扮得同樣時髦和迷人。

相對於乏味而不具吸引力的女祕書，大部分正常的男性更喜歡欣賞漂亮的女性。在迷人的環境裡工作是個自然的欲望，這並不像是一頭野狼瞪大了牠貪婪的眼珠子。一個漂亮的女孩子，就像一瓶玫瑰花那樣，可以使辦公室煥然一新。

有些太太很嫉妒女祕書的工作。太太們常常認為女祕書的工作太輕鬆了，整天只是打扮得漂漂亮亮，坐在舒服的辦公室裡，除了對男人甜言蜜語之外，什麼事也沒做。而她居然還能領到很高的薪水。

這些太太們多半不知道，許多聰明伶俐的女祕書都很羨慕太太。在外面做事的女孩，都期待結婚放棄工作，來照顧家庭和養育孩子。更進一步說，女祕書的工作並不容易，好的女祕書必須工作得像家庭主婦那樣辛勞，但是她們卻沒有得到像家庭主婦那樣多的報償。

不要勉強女祕書替自己跑腿

如果老闆的妻子要女祕書利用吃午餐的時間去買一捲絲線、排隊買電影票，或是其他類似的雜務，通常女祕書都不好意思拒絕太太們的這些要求，只好不太情願的犧牲她在繁忙的一天裡僅有的這一小段休息時間。不管從任何一個角度上講，太太們的這種做法都是非常欠妥當的。

女祕書由於要領取薪水，也常要為自己的老闆做許多私人的雜事——例如替老闆購買送給家人的禮物，安排業務上的應酬招待，預訂旅行中的旅館房間等等。但是女祕書們所領取的薪水，並不包括要替老闆的太太做同樣的服務，除非老闆曾經特別要求她這樣做。

絕對不可傲慢、刻薄的奚落女祕書

雖然這種「我是太太，妳是傭人」的態度已是最陳舊的觀念了，但是仍然有一些女人故意奚落自己丈夫的女祕書，以此來顯示自己的地位。通常，在這類事件中，女祕書都要比這種空擺架子的太太顯得更有教養。

對於一個自尊心很強的女祕書，過分的親密也是同樣不合適的。當妻子的，應該調整自己的態度，並且設身處地為女祕書著想，以好的風度和態度去對待丈夫的女祕書。

對女祕書的額外幫忙要表示謝意

每個人替人做了事，都喜歡聽到讚賞和致謝。任何一個女祕書都會做一些對老闆的妻子很有助益的事，雖然當妻子的並沒有私下要求過她。

我們每個人都喜歡受到讚賞，女祕書也一樣。打通電話，親切的說聲「謝謝！」或者是送一件細心挑選過的禮物，這些小事都可以表示出禮貌上的謝意。

妻子能夠幫助丈夫的一個重要的方法，就是和丈夫的女祕書保持良好的關係，因為她能更有效的幫助丈夫公司的業務順利進行。

鼓勵丈夫當學生

你的丈夫已經晉升了嗎？如果還沒有，那他已在為晉升而努力嗎？那麼在這個時候，作為妻子的妳，又該如何做呢？

幾乎沒有人在剛剛步入社會的時候，就已經具有擔任高階職位的能力。他們必須一面工作，一面學習，等到有一定的經驗和技術之後，才開始想自己關於晉升的問題。

社會學家W．羅依特．華納說過經營事業的人，必須利用人事考核、訓練計畫以及升級規定，來尋求各種進步的機會。

對於用人單位來說，他們把升遷的機會往往留給那些具有進取心和創造力、利用自己的時間去接受訓練並不斷自我學習的人。很多已經成功的出色名人，都是因為曾經利用時間研究學習才獲得這樣的成就的。

查爾斯．C．佛洛斯特本來是佛蒙特州的一名鞋匠，但是由於他每天都抽部分時間來學習數學，後來竟能成為一個著名的數學家。約翰．亨特（John Hunter）是個木匠，但是他對解剖學頗感興趣並在工作之餘對其進行研究，每天晚上只睡四個小時，最後終於成為比較解剖學的權威學者。忙碌的銀行家約翰．盧伯克（John Lubbock）爵士也利用閒暇時間不斷的豐富自己的知識，最終成為一名著名的史前學專家。喬治．史蒂文生（George Stephenson）在擔任機師夜間值班的時候，刻苦研究，結果發明了火車頭。詹姆士．瓦特（James Watt）一邊靠製造工具營生，一邊擠出時間來研究化學和數學，結果發明了蒸汽機。

上面我們提到的這些人，如果他們都對現狀感到滿足，那麼這對於社會將是多麼大的損失。如果安於現狀，只是領取薪水而後再學習，那麼，在這個競爭激烈的社會中，最終是會被淘汰的。

既然學習對於一個人的未來如此重要，那麼當丈夫努力研究、學習以爭取升遷的機會，妻子們應該扮演怎樣的角色呢？我們應該很清楚：妻子的態度直接影響到丈夫改進自己的一切努力。

我們以丈夫上夜校為例，來說明這個問題。

每個星期都會占用幾個晚上的時間到夜校上課的人，無疑是有抱負的人。他不滿足於工作現狀，想透過學習使自己變得更加優秀。

那麼對於妻子來說，在這段時間就必須學習如何獨處。不要打擾丈夫，她可以找些其他的事情做，以便充實自己。但是，如果妻子總是適應不了這種孤獨，那麼丈夫就會因為妻子的不快樂而感到不安，這樣便使他的學習和研究受到影響。有時候丈夫放棄了他的學習，只因為太太抱怨被冷落在家裡。對於這樣的女人，如果丈夫不能夠獲得成功，她也不應該總是抱怨丈夫的失敗和無能，因為丈夫的失敗也有她的一部分責任，因為丈夫在忙著學習的時候還得顧忌到她的感受。

這些太太們應該仔細觀察周圍的人和事，才能夠了解那些成功的人士並不是天生就有那種能力的，而是他們必須透過學習技術，獲取能夠增強他們才能的知識。就算有些人運氣很好，在結婚以前就有了這些才能，但是為了跟上時代，適應新的法規，以及熟悉他的對手所採取的政策，他們通常在婚後還需要繼續研究和學習。一位醫師，如果要把自己應該研究的相關新發明以及治療的新技術的文章都看完，那麼他就沒有時間去照看他的病人了。

當然，不可能每個人都能夠從事自己喜歡的工作，因為能力及其他條件的限制。但是令人感動的是，如果他願意訓練自己，培養出更好的能力，他就不會永遠停留在眼下的工作職位上。

我們來看一下一位年輕律師的故事。

故事的主角就是K．O．海威希，他曾經因為沒有受過訓練，只能靠挖壕溝維持生活。剛進入社會的時候，他在堪薩斯城一家貿易信託公司當小職員。後來他移居到俄克拉荷馬州的馬歇爾市，進入殼牌石油公司做事。後來，他與市長的女兒愛芙琳．英格相愛，並且和她結了婚。

不久，發生經濟大恐慌，海威希和許多職員馬上就要被解僱了。他並沒有太多的經驗，也沒有得到過什麼特殊的訓練，因此沒有辦法擔任一般書記以外的工作，而這種書記工作，在當時是找不到空缺的。所以他只好接受了他所能擔當的唯一的一件工作——以每小時四毛錢的代價，在石油管工程中挖壕溝。

海威希這樣向人講述道：「……我想盡一切辦法改善生活，經營了一家小型高爾夫球場，再加上我太太在一家店裡工作的收入，我們的生活雖有些拮据，但也總算還過得去。後來我又被殼牌石油公司僱用了，轉到俄克拉荷馬州的杜爾沙市工作。我的工作是在會計部門辦理關於投資的文書工作。這個工作聽起來很不錯，但我對會計這方面著實不懂，感覺有點緊張。

「我知道解決這個問題的唯一辦法就是學習。我到俄克拉荷馬法律會計學校的夜間部會計科去上課。這是我所做過的最明智的一件事，因為那段時間的學習讓我掌握了很多知識，從而彌補了我學識上的不足。

經過三年的學習以後，我的薪水也提高了。於是我馬上進入杜爾沙大學夜間部的法律系上課。四年內修完全部學分，得到了學位，並且通過律師資格考試而成為一名合格的開業律師。

但是我仍然覺得有點欠缺。我又回到夜間部上課，準備參加會計師檢定考試。研究高等會計三年多以後，又學了一項公眾演講的課程。最重要的是，經過這麼多年以來的夜間部教育，已經使我的薪水比十二年前挖壕溝的時候多了十二倍。」海威希先生除了在自己的律師事務所執業以外，而且在俄克拉荷馬法律和會計學校授課，他自己曾經是該校的學生。

海威希先生的故事告訴我們：任何一個願意付出時間和努力的人都能獲得成功，而且他的太太必須給予合作。

除了白天的工作，還要每個晚上去學習，而且還得是長年累月的這麼堅持，這確實是很難做到的。每個人都需要從家裡得到所有他能夠得到的鼓勵，以支持他不至於半途而廢。他常常會感到厭倦、失望，並且因為懷疑這些努力的價值而感到痛苦，他當然也會擔心這些努力也許真就是徒勞的。

做一個好妻子很不容易，特別是新婚那幾年，往往是最需要自我改進計畫的時候。這樣一個「夜校寡婦」，應該怎樣保持安定的心情呢？

這裡有一個最好的辦法可採取，那就是擬定一個自己的學習計畫。如果經濟允許，她也可以和丈夫參加同樣的訓練課程，這樣說不定還能進一步幫助丈夫呢。比如說她可以學習一些相關的科目，以備輔助丈夫的知識。當然，她也可以選擇自己感興趣的科目來學。無論怎麼說，如果夫妻兩個人一起出去上課，學習也會變成一種很有趣的事。

如果是被孩子纏身的女士，這個方法就不能採取了。但是，那並不是說，這些女士們只好在丈夫用功學習的時候，自己什麼也不用做。她可以到附近的圖書館借書，以便晚上自己學習。

有人問一位在博物館裡擔任鯨魚陳列室的主管：一個普通人必須花費多少時間才能成為鯨魚的專家，如果他每個星期花費三個或四個晚上，把他所能得到的關於鯨魚的書本和文章全部讀完，那麼，他會成為專家的嗎？這位主管回答，如果照這個計畫一直持續下去，三個月內，這個人將對我們的鯨魚朋友有許多的認識，而在六個月之內，他就會成為關於鯨魚的權威了。

當然，也許你對鯨魚的知識沒什麼興趣，但是在這個世界上，當然會有些東西是你想要更清楚的知道的。如果妳的丈夫正在花費他部分或全部的晚上改進自己的機遇，爭取成功，那麼妳也不必因為孤單而傷心，白白浪費了那些時間。妳應該把這些時間看作是完全由自己支配的寶貴的財富才行。

無論你是在學校裡學習或是透過自學獲得學位，這些並不表示你已經完成了所有的教育；教育是必須繼續不斷進步的一個程序。如果妳的丈夫不想被時代所淘汰，就必須在一生之中運用各種方法不間斷的學習，而妳也必須如此。他所學習、研究的東西，將會受到他所做、或是所想要做的工作來決定，很自然的他的學習範圍就會擴大了。最重要的是，妻子必須了解，如果丈夫想在社會上高人一等，那麼，為了改進自己所做的教育計畫，則是絕對不可缺少的，而且在這個計畫中離不開妻子的配合，這也是絕對必要的。丈夫花費在訓練上的時間和金錢，是對於家庭前途的一種投資。

當丈夫的這種學習持續好幾年之後，妻子就會懷疑這些孤獨和對於娛樂與享受的犧牲是否值得。假如她能夠明白，這種犧牲多半可以得到成功的報償，那麼她就會理解丈夫的，因為這個國家仍然是屬於經過自立奮鬥而成功的人的天下。

相信這個道理嗎？那就請看看下面這些人吧，他們都是曾經獲得美國大學與學院聯合會頒發的霍雷肖．阿爾傑獎——前任總統赫伯特．胡佛（Herbert Hoover），他是愛荷華州的一名孤兒；亨利．克農上將曾經當過電話接線生，現在是華爾道夫．阿斯托里亞董事會的主席；托馬斯．J 華生是 IBM 公司的執行長，而當他剛開始管理（沒有機器可用）的時候，週薪才兩美元；保羅．G．霍夫曼（Paul G. Hoffman）曾經當過行李挑夫，但他現在是斯圖貝克公司董事會的主席。

妳的丈夫同樣可以抓住參加的教育機會，從而提高自己的能力。當然，這離不開妳的支持和鼓勵。男人如果更聰明，就會更想要擴展自己的知識和才能，即使看似已經成功的人士也不例外。

因此，妳應該支持並鼓勵妳的丈夫做「學生」，這樣做將大大增加他成功的機會。A．勞倫斯．羅威爾（Abbott Lawrence Lowell）博士生前是哈佛大學最偉大的校長之一，下面這段概括性論述就是出自他的一次演講：

真正訓練一個人的唯一方法，就是這個人要主動去使用自己的腦子。你可以幫助他，你可以引導他，也可以向他暗示，而且最重要的，你還可以激勵他。但是只有他經過自己努力獲得的東西才是最有價值的；有付出就有回報，而且他的付出與回報是成比例的。

幫助丈夫對付意外的事情

約瑟夫．艾森鮑爾在一家洗衣店當了二十五年的送貨員，有一天突然被解僱了。一個沒有受過特殊訓練的人，想要找個工作是很困難的，對中年人來說尤其不容易。當艾森鮑爾夫婦正在為找不到工作發愁的時候，正好有一家麵包店要出售，而且價錢也並不是太離譜，但要將它買下必須投入他們所有的積蓄。

這只是開始而已。很明智的艾森鮑爾太太知道，在生意還沒有做強做穩以前，他們是沒有能力僱人幫忙的。於是她便努力拓展這個新行業。那時候，除了打掃、洗衣服、做飯這些家務事，她便待在麵包店裡招呼客人，積極的拓展業務，經常一站便是十幾個小時。如此繁重的勞動足可以使任何一個人感到洩氣了。但是珍妮．艾森鮑爾挺過來了，她說：

「我高高興興的做著這些事，因為我知道，這是我丈夫重新闖天下的一個機會。現在，麵包店已經開業五年了，生意相當好。我們的經營很成功，而且一直擴展到足夠應付一切需求。我們能夠以自己的努力創建這個事業，實在很值得驕傲。」

有許多家庭在碰到了像艾森鮑爾先生失業的這種難題以後，由於妻子不願意幫助丈夫挽救這個殘局，致使整個家庭的經濟開始走下坡路。因為許多妻子都認為，丈夫應該肩負所有的責任，不管時機是好是壞。然而她們忘了，有時候為了拖出陷在泥塘裡的車子，當妻子的也需要付出必要的幫助。

這裡還有另外一位女士的故事，她也是在必要的時候付出了自己所有的能力。海倫・R・柯門太太，她不僅幫助她丈夫的生意，同時還有自己的職業，使他們的家庭有了很好的經濟基礎。

柯門太太是一名護士。當她在一九三六年嫁給比爾・柯門的時候，比爾為了獲得高中畢業證書，白天工作，晚上到夜間部上課。為了使比爾不至於放棄夜間部的學業，柯門太太婚後仍然繼續做護士。她很希望丈夫保持不缺課的紀錄，所以在生下小女兒的那個晚上，仍然堅持讓丈夫送她到醫院以後馬上趕去上課。在六年中，比爾從沒有錯過夜間部的一堂課，終於在他的母親、妻子和女兒驕傲的注視中，得到了高中畢業證書。

接著，比爾找到了推銷不鏽鋼廚具的工作以後，他的妻子海倫就充當他的助手。他們在一起舉辦示範餐會時，由海倫做菜，而由比爾負責推銷。

當比爾的父親不幸去世之後，比爾和他的兄弟得到一家印刷廠。比爾和海倫便從比爾的兄弟那裡買下了這家印刷廠。這時候他們必須向銀行借一筆錢。於是海倫．柯門又去當護士，幫助償還這筆債款。而且每個晚上和週末，她都在印刷廠裡當他的助手。

柯門太太說：「我很高興，如果我們能夠繼續健康的工作，五年以內，我們將可以付清我們的房子和生意上的債款，然後我將辭掉工作，為比爾和孩子們做好家務。」

柯門太太就是在必要的時候付出了自己的所有精力。她不僅做好了自己的本職工作，而且協助丈夫拓展生意，使他們的家庭擁有了良好的經濟基礎。

像艾森鮑爾太太和柯門太太，她們都清楚的知道，這種助手工作不是永久性的，所以她們的工作效率都特別高。

家庭生活裡的某些危機，例如欠債、疾病或是丈夫的失業，常常需要妻子暫時到「外面」去工作。這種幫忙是廣義的夫婦搭檔的一種行動。因為妻子是在為家庭的幸福工作，而不是想以擁有自己的事業來達到自我滿足。這是一種所謂的「緊急措施」。

史坦先生是個推銷員，好幾年前，一場重病使他沒有辦法全力去工作，也沒有能力養活這個大家庭。他妻子瑪格麗特．史坦太太就碰上這個難題了。

史坦太太很快的複習了一下她最拿手的本事——特製餐點——小孩子的生日點心、結婚蛋糕、宴會甜點。從前她常常替朋友們做一些特別的餐點，但那只是因為她喜歡做而已。瑪格麗特．史坦把她心裡的想法告訴了那些人，於是她的朋友開宴會的時候，都特地請她去做。她做的精緻而不尋常的餐點，很快得到了讚賞，更多的訂單便源源而來，使她必須訓練助手來幫助她。後來，生意越做越大，瑪格麗特就成為一個專辦宴席餐點的人，並且做了宴席顧問。

瑪格麗特．史坦的緊急措施是如此的成功，史坦先生現在已能全天上班，並升遷為營業部經理了，他和他的妻子有最完美的合作。「我討厭價錢、成本和開帳單，我忙於創造新的方法，來準備供應我的特製餐點。讓我的丈夫來照料所有生意上的細節，可真是一項最偉大的事。」史坦太太這樣說。

誰都無法預料，我們的家庭將會發生什麼意料之外的困難，使得經濟來源突然中斷，迫使家庭主婦們必須親身去賺取部分或全部的家庭開支。為什麼家庭主婦們現在不馬上累積可以應急的知識和技能，去面對這種可能的變數？

第三章　給丈夫一個甜蜜的家

只是一個家庭主婦

社會上流傳一種這樣的說法，不論妻子們是否完美的發揮出了女性的才能，對社會來說已經沒有什麼價值，處理家務沒有絲毫重大意義。這種說法往往會使那些真正的家庭主婦不那麼理直氣壯，甚至有些遺憾。當你聽到女性用這種可怕的字眼來描述自己時，你是否感覺到無比痛心？世界上幾乎沒有什麼工作會比維持家庭，養育孩子更重要、更值得尊敬的了。對於個人和整個社會來說，它比任何工作都有意義，它的價值高於一切！

「只不過是個家庭婦女」，這句話的意義應該等同於一個男性在國際會議裡說：「大家好，看到你們用那種非常崇拜的眼神看著我，我感到了很驚訝，其實我也沒什麼了不起的啊，不過是個總統而已。」一個女性能夠為了家庭奉獻出自己的全部時間和精力，是應該感到非常驕傲的。一個女人扮演好家庭主婦這個角色所需要的才華，比女演員的一次專業表演需要的各種技藝還要多。不知讀者朋友們是否仔細思考過，一個出色的家庭主婦需要擁有多少專業技術？首先，她必須扮演好洗衣婦、廚師、裁縫、護士長、保姆、購物專家、雜物專家；其次必須是兼職或專職司機、書記員、記帳員、牢騷發洩對象；最後還要上演公共關係專家、人事主管、經濟顧問、總經理等。僅有這些還不夠，她還必須不斷的進行自我修養，以便永保獨特的魅力，這樣才能使自己在丈夫心中永遠占有重要的位置。

家庭主婦所掌握的專業技術幾乎是任何職位上的人所比不上的。所以有時候我們在某件工作上出了一點差錯，又有什麼值得大驚小怪呢？我們不妨安靜下來仔細想想，其實那些影視明星、職業婦女和最會打扮的女性全部相加，所表現出的能力和才華遠不如一名家庭主婦。

家庭主婦的工作對丈夫的事業有很大影響，這個道理我們可以從《女人，忽視的性別！》一書的作者瑪莉亞．凡罕和弗迪南．倫德波格博士那裡得到證明。他們說：「對此問題我們進行了周密的調查，很明顯，由於家裡的大部分家務由妻子承擔了，不必再僱請別人，丈夫收入的有效運用價值因此增加了百分之三十到百分之六十。」《生活》雜誌曾經做過一期「女性的處境進退兩難」的特刊，其中的內容顯示，如果一個男性僱人到家裡來做這些家庭婦女的工作，他每年的收入將會多支出大約一萬美元。

成功男人的背後有一位偉大的女人。而這些偉大的妻子無一例外的認為，家庭主婦的生涯是非常崇高並且具有重大的意義。艾森豪（Eisenhower）總統的妻子——瑪米．杜德．艾森豪（Mamie Doud Eisenhower）在《今日女性》雜誌上刊登的〈假如現在我又當了新娘〉這篇文章。其內容是這樣的：「家庭裡的工作煩瑣勞累但讓他人看起來卻覺得無關緊要，這就容易使他人忽視自己存在的價值，尤其當妳的丈夫回來時有很多重要消息，假如他開口問：『親愛的，妳今天都在忙什麼呢？』而妳只能說：『噢，我今天付了電話費。』

「在這個時候妳是否感到委屈？或許妳就開始很想投入社會去找個工作。如果妳屈從了誘惑，若干年後妳會發現，除了一個職業之外，妳沒有得到任何東西，妳拋棄了妳的家庭。假如妳堅持家庭主婦這項工作，妳的生命會獲得更多回報。

「我始終認為：家庭主婦是生命賦予女性最偉大而崇高的職業。假如我現在又結婚，我仍然選擇像從前一樣做個家庭主婦——每天早起為他準備可口又富有營養的早餐並且目送他上班；利用他微薄的薪水料理好一切家務；結交更多的新朋友，我會盡自己最大的努力幫助他走向成功。我非常熱愛家庭主婦這項繁忙而快樂的工作，因為它是神聖而崇高的。我覺得最有價值的生活就是，盡我的一切努力使我們的家庭永遠保持安定幸福。」

瑪米．艾森豪是一個成功的家庭主婦，她已經幫助自己丈夫進入了白宮——世界上最大的房子，她值得每一位女性學習和效仿。

真高興回到家裡

一個幸福的家庭應該是使丈夫每天早晨滿懷工作熱情、每天晚上回到家裡恢復精神的場所。這個場所的氛圍好壞，對丈夫事業的成功與否，比妳所想像的更有影響力。

克里福特·R·亞當斯博士在《婦女家庭》雜誌的專欄「如何創造婚姻幸福」裡寫道：「家庭對妳的丈夫和小孩具有什麼意義，幾乎可以說完全取決於妳的表現了。雖然丈夫和孩子也是這個家庭的成員，但是決定性的影響就要看妳所創造出來的環境，妳所營造出來的氣氛，以及最重要的，妳所呈現出來的榜樣。」

為了使妳的家庭幸福美滿並且有利於促進丈夫事業上的成功，下面講述一下幸福家庭中，妻子必須提供給丈夫的一些基本要素。

無論一個男人對他的工作多麼感興趣，但是工作總會帶給他某種程度的緊張。當他回家以後，如果這些緊張能夠消除，那麼他就會提高對工作的興趣，自己也感到輕鬆和愉快，在第二天開始更有熱忱的生活。一個好的家庭主婦，最重要的就是使丈夫在家裡能夠得到輕鬆和愉快。但是，有的女人就不會掌握這個平衡，往往會因為她做得太好了而使丈夫感到壓抑。比如，她不允許孩子把朋友帶回家，因為小孩子們可能會弄髒她潔淨的地板；丈夫不可以在家裡抽菸，因為可能會使窗簾沾上菸味；丈夫看完一本書或報紙，就必須準確的放回原處……也許你會說，這簡直不是正常人的做法，但是很悲哀的是，這種情況異常普遍！

美國基督教大學精神科教授羅伯特．P．奧丁華特博士，把女人們對於一塵不染的潔淨的願望描述成「我們的文化裡最大的壓迫」。喬治．凱利所寫的《克雷格的妻子》，是獲得普立茲獎的戲劇。它之所以受到普遍的歡迎，主要是由於她是現實生活中很多女人的鮮活代表。

哈麗萊特生活的重心，就是保持家裡絕對乾淨。她甚至連放錯了坐墊也無法忍受。她從未把朋友們的探訪當作是一件快樂的事情，因為他們會把東西搞亂。而她認為她那正常、不拘小節的丈夫是個破壞專家，因為她的丈夫會破壞她辛辛苦苦維持下來的冷酷的完美。

當做妻子的看到丈夫把那些影響室內整潔的東西胡亂丟放時，就會產生一種想要教訓他的衝動。但是，在大罵他是個毫不體貼的莽漢以前，妻子們實在應該先仔細考慮一下，家，是丈夫能夠放鬆的、變成他本來面目的唯一地方。

怎樣營造一個溫馨的家庭氛圍呢？以下幾方面堪為妻子的努力目標：

舒適

作為一個善於布置家庭的妻子，妻子必須記住，舒適是男人最大的需求。整齊的桌椅，美麗而又零散的小飾品是女人的最愛，但是這些東西令一個疲倦的男人討厭，他需要一個地方去擱腳，放菸灰缸、報紙與菸斗。

那麼，一個男人所喜歡的布置方式是什麼呢？不妨研究一下單身漢整理房間的情形。例如路易斯．C．派克家庭醫師就是一個很好的例子。他的辦公室是他的家的一部分。他那覆蓋著皮革的、實木的桌子、寬敞的沙發、碩大的銅燈，以及筆直的下垂著、沒有一點皺摺的窗簾吸引著每一位男士。還有一位擅長布置自己房子的單身漢，他就是紐澤西州標準石油公司的地質學家華特樂．林克。林克先生的工作使他必須跑遍全世界最偏遠的角落，而他在紐約城擁有一間超現代的公寓。他利用旅行帶回來的紀念品裝飾這個房子——爪哇的手工染布、剛果的木雕和東方的象牙雕塑品。林克先生的公寓最突出的特點就是明亮、寬敞和舒適，以及富有個性的趣味。

他們選擇做單身漢的主要原因，就是因為很少有女人能夠使他們像自己服侍自己那樣舒適。

女人布置房間時，往往會根據自己的標準和審美，卻忽略了男人對舒適的要求。我曾經從巴黎買了一些可愛的、古式的小瓷器菸灰缸回來，以為能派上用場，可是無論是我丈夫還是來我們家的客人都不太需要它們。而我的丈夫到廉價商店去，買回好幾個大型玻璃菸灰缸，而且分別把它們放在樓上樓下使用。當客人來訪的時候，大家都偏愛他那廉價商店的產品。這些菸灰缸實現了它們自身的價值。

當妳的布置方式有點不妥的時候，妳的丈夫或許會對妳辛苦布置好的家若有若無的帶來破壞。如果他把報紙滿地亂丟，可能是茶几太小，或上頭堆滿了裝飾品，他根本就找不到地方放報紙。

如果妳無法忍受他的菸灰到處亂彈，那就為他買個最大型的菸灰缸，多買幾個。他常常把腳擱在妳心愛的、精緻的腳凳上嗎？把這個腳凳拿到客廳去，另外替妳丈夫買個堅固的，塑膠做的腳墊。

他有個特定的地方放他的照相機、菸斗、收藏物、書本和報紙嗎？如果他只能把這些東西放在閣樓的小角落，和其他廢棄物在一起，那麼他會感到很不舒服的。讓妳的丈夫在家裡感到舒適，是使他留在家裡的最好方法。

有秩序和清潔

一間收拾整齊的帳蓬比凌亂不堪的漂亮房子更吸引男人。開飯很少準時，早餐的盤子到了吃晚飯的時間還放在水槽裡不洗，浴室裡該洗的衣服如山，臥室不加整理，這些現象以及其他混亂的情形，會使男人跑到球場、酒吧以及妓院去。對男人來說，除了自己的凌亂以外，似乎是很難容忍妻子的不整潔。

有這樣一個男人，他曾經打消了向一個漂亮的女孩子求婚的念頭，為什麼呢？只因為有一天他到她的公寓去找她，卻發現她的房間凌亂得不堪入目。

當然，這裡所指的是長期的不整理。任何一個有修養的丈夫，對於偶然發生的過失，都是能夠體諒的。他會在清掃日愉快的吃著剩菜，當我們碰到一些不尋常的問題必須馬上解決的時候，他也會幫忙或是為我們解決，只要這種情況不是時常發生就好。

一個愉快、祥和的氣氛

家裡的氣氛，主要取決於女人的營造。妳的丈夫在業界的表現，將會受到妳所創造的家庭環境的影響。

一位公司的總經理曾這樣說，「我們控制一個人在工作上的環境，但是等他一回到家裡，這些控制就不再有效了。」

當然，女人總是不希望自己的丈夫整日為工作纏身。但是，我們又希望他們在這些工作上有最好的表現。如果妻子能創造快樂而祥和的氣氛，等著他回來，那麼我們就能夠使他在這兩方面都順心了。

洛杉磯家庭關係協會會長保羅．柏派諾博士始終相信，家庭應該是男人的避難港灣，使男人暫時擺脫業務的溫馨場所。他認為：「現代商業或工業界裡的生活，並不像野餐那樣輕鬆愉快。必須整天與對手競爭，其實在各種情況下都是這樣，競爭是無所不在的。當下班鈴響的時候，他就渴望著寧靜、舒適、愛情……

「在公司裡，人們都互相猜疑著，恨不得揭露他所有的錯誤。只有在家裡，有一位天使看到他最美好的一面。這些溫柔善良的天使不會為他添加任何新的麻煩。她恢復了他的能力，保護著他的精神，在情感上使他愉快，使他在第二天更加充滿熱情和活力的生活。」

「在家裡創造出那種氣氛的妻子，」柏派諾博士做結論說，「能夠在丈夫的生活裡盡到妻子的責任，應該說是最了解自己職責的人了！」

要覺得家庭是丈夫的，也是妻子自己的

時刻讓丈夫感覺家庭就是他的城堡，而不是在嬌豔的女性王國裡當個笨拙的破壞專家，這一點是很值得注意的。

當你想重新布局室內環境時，應該徵得他的意見，共同決定，不要只是把付款單交給他而已。為了買下妳丈夫想要的大床，妳必須放棄妳心愛的精緻小床。也許妳會埋怨，但是，通常妳會發覺，他對家的喜愛和妳是同樣深的。最重要的是，當妳發現如果他對於發生的事情擁有更多的決定權，那就表示家對他的意義更加重大。

如果他有興趣進廚房，不妨在星期天晚上讓他在廚房裡自由發揮，作為妻子的應該不去計較他留下堆積如山的鍋子和碟子，及凌亂不堪的廚房。

妳的丈夫對這個家庭的關心甚至比妳還熱切，他需要一種感覺，覺得家庭沒有他就不完整。

有一位擅於裝飾和整理屋子的細心女孩，她的房子總是充滿精緻、迷人、近乎完美的味道：柔軟溫和的色調，易碎的擺飾品，精巧別致的風格。然而，這個女孩子卻嫁給了生活隨意、菸斗不離口的標準男性。因此她的丈夫在這個女性化的仙境裡，完全格格不入。雖然他很愛他的妻子，但是這個仙境令他感到不舒服，所以他招待他的朋友和同事去釣

魚，或是到他可以表現自我的森林小屋裡去玩。這個女孩子因丈夫的這種行為而嘮叨不斷，但是她仍然堅持要把家布置得只合於她自己的情況。

無論我們多麼有個性和獨具特色，甚至有著卓爾不凡的審美，我們都不要忘了家事的真正目的：為我們心裡最愛的丈夫創造出一個有充滿愛意的、安全而舒適的小島。為此，女士們記住這些基本原則，它們會幫助妳的丈夫變成快樂的人：

- 把家變成可以令人輕鬆的場所，等他回來。
- 把家變得舒適。
- 把家變得清潔和有秩序。
- 把家常常被祥和、愉快的氣氛包圍。
- 把家成為妻子和丈夫共同的舒適小島。

絕不浪費時間

你有沒有想過如何更充分的利用每天中的二十四小時呢？每天，羅斯福總統夫人的日程表都排得滿滿的——寫作、在各地演講、努力增進各國之間的友誼。很少有女性能勝任這些繁重的工作，因此，誰能說她是個懶惰的人呢？當她在紐約接受完採訪，立刻就飛往另一個城市參加一個民主黨的集會。有人問她如何才能有效的安排要完成的事情，她非常肯定的說：「我從不浪費一點時間。」羅斯福夫人早晨在別人還在睡覺時就開始工作了，晚上在別人都已經睡覺時她仍在熬夜。那些在報上發表的專欄，都是利用約會或會議之間的空檔完成的。

每個人每天都擁有同樣的時間，那麼。我們又是如何度過的呢？我們總是來不及做我們應該做的事情：沒時間學習自修課程；沒時間帶孩子去動物園；沒時間參加孩子所在學校舉行的家長會。

《如何創造婚姻生活》的作者保羅．波派諾博士在書中寫到：「許多女士都在抱怨做家務占用了太多時間，有這種想法的女性應該檢討自己。如果女性將她一星期內的時間安排詳細記錄下來，結果一定會讓她大吃一驚。」這個方法妳也不妨試一試。如果妳不撒謊，就會驚訝的發現，類似這樣的紀錄太多，「九點至九點二十與貝爾通電話」、「下午一點至三點，和隔壁的鄰居聊天」、「下午三點至五點，和馬蓓爾一起逛街」。當記錄了一個星期以後，妳將會清楚的發現自己在平常的生活中是如何浪費了時間！

紐約市社會研究學校開設了一門「生活中女性人際關係的研究」課程。這門課程有助於女性朋友們合理的設計時間，教師是一名成功的職業女性艾麗絲・萊斯・庫克小姐。課程一開始會要求每個學生做出一張紀錄表，該表的主要內容是記錄一星期內的時間和工作。課程的目的在於指導女性在社會中如何正確的為自己定位。

一次偶然，我碰到了庫克小姐，她告訴我：「學生們看到紀錄表，通常會大吃一驚，因為紀錄表上很清楚的顯示，她們把很多時間浪費在一些沒有價值的事情上了，比如在電話裡閒聊；一次可以買完的東西偏偏要分成兩次去買。明白了這些之後，她們就開始計劃怎樣才能讓自己的日常生活更有效率。」她還說：「當我看過自己的時間和工作紀錄表，就下定決心，必須減少看偵探小說的時間，不然，我將無法完成計畫中的事情。當然，這並不是說別人都不能看偵探小說。」

我們每天都在有意義的浪費時間，比如等待某人的電話，等候公車和地鐵在購物中心裡閒逛……為什麼我們不能將這些時間好好利用起來呢？

已故的美國最高法院的首席法官哈爾蘭．F．史東先生就非常懂得利用這些時間。有一次，他對一個大學應屆畢業生說：「有很多重要的事情通常用十五分鐘就能夠完成，但是人們往往不自覺的忽視這段時間，從而將它浪費掉。」我們都知道著名的地鐵乘客約．基爾蘭先生是個「萬事通」專家。他在乘坐地鐵的時候，總是聚精會神的看《濟慈詩集》，或是一些專業類型的論文。狄奧多．羅斯福（Theodore Roosevelt Jr.）總統的桌上總是放著一本書，他常常會在百忙之中擠出一個空檔開始看書，有時甚至只有二至三分鐘時間。他的兒子曾經描述過他：「我父親的臥室裡總有一本詩歌集，當他在穿衣服的時候就能夠背下一首詩。」

我們之中很多人不會比美國總統更忙碌，但卻常常叫喊著「我太忙了，哪有時間看書啊！」我為這本書收集資料時，有很多都是在美容院的冷氣機下面看完的，最後編寫時也是利用孩子們午睡後的兩小時空檔完成的。其實我們不難發現，如果在化妝臺上擺上一本書，就可以趁著每天晚上塗潔面霜或化妝品的時間看完它。

當我們計算出這些被我們無意間浪費掉的時間後，總會為我們的蹉跎而感到懊悔。因此，趕緊學習有效的方法，好好的利用那些在繁忙的預定計畫表裡出現的空檔。你是否想要提高自己的修養？是否一直想學習一門外語、讀一些好書？是否想學習一下其他技能例如彈琴、繪畫？是否要聽聽音樂或出去遊玩？快快將這些空檔使用起來，不要再次沒有時間為藉口了。

不知各位讀者是否拜讀過弗蘭克．吉爾布雷斯（Frank Gilbreth）先生曾經寫過的一本暢銷書《一打比較便宜》，這本書主要講述的是弗蘭克．吉爾布雷斯的家庭故事。弗蘭克和妻子莉莉安．吉爾布雷斯（Lillian Gilbreth）博士一直很努力，想將節省時間、勞力的方法帶進工商界和家庭的管理方式中。他們共有十二個孩子，在他們的影響下，孩子們從小就樹立一種觀念：時間就是財富，必須有效率的利用每一分鐘。孩子們早晨起床刷牙準備上學的時間，都能夠從父親放在浴室的海報上學會許多新字。

這樣的例子還有很多，例如薩爾瓦多．S．蓋塞塔夫婦，他們也把這種高效率的方法用到了家庭管理上。薩爾瓦多先生是個有經驗的顧問工程師，他的妻子同時也是他的助手。蓋塞塔太太除了照顧孩子，料理家務以外，她還是薩爾瓦多先生的祕書、會計、人事經理和研究助理，同時還負責地方社團和教師家長的聯誼會工作。她在寫給我的信中說：「家裡有了那三個調皮的小男孩，龐大的房間和花園就更需要整理，當然，我還不能忘了做好丈夫的私人祕書，為他找出一些可能遺漏的文章，構思一些改進的方案，還要提醒他必須參加的聚會。此外還要負責社團活動、宣傳文化和宗教的社會職責。仔細想想，我的工作還真的比別人的多。當我替孩子們熱奶瓶的時候，當我整理屋子的時候，都會想出許多增加工作效率的方法。我們提倡的是：盡可能用最短的時間做完基本的工作，這樣就能夠節省出較多的時間做自己喜歡的事情。當然我們的工作進度是非常靈活的，不是一成不變的。我們在共同工作中分享各種看法，滿足拓展視野的願望，因此我們的生活既充實又富於變化，感覺十分幸福。」

蓋塞塔夫婦將工作和生活協調得很完美。他們的態度是正確的，這也是成功所必需的。

也許，你已經注意到，那些推動本地紅十字會主席團工作的人，負責家長教師聯誼會的人，都是身邊最忙碌而又充實的人。但是，她們看上去總是比懶人擁有更多的時間。這些年輕女性並沒有僱女傭，也沒有整天無所事事，她們也都有孩子，還有一個努力向上進取的丈夫。她們不僅要做好自己的每一分本職工作，還要在星期天去唱詩班唱歌。她們之所以能夠更高效率的完成這麼多事情，僅僅是因為她們會安排自己的時間和家務。浪費時間比浪費金錢還要悲慘，金錢失去還可以賺回來，而時間則是無情的，一旦失去就不會再來。

為了幫助妳能更有效的利用時間，請學會以下規則：

◈ 真實記錄每天使用的時間的情況，至少持續一個星期，以便從中檢查自己的時間浪費在哪些地方。

◈ 要提前制定出下週的時間計畫。這個方法不僅適合於大公司的總經理，而且它還對你我以及其他人都有好處。將每一件工作的時間安排合理，就不至於神經緊張、頭腦混亂。有時候也許會出現意外的事情，使妳不得不更改計畫。但是，如果堅持按工作計畫表行事，妳會發現，妳從中得到的收穫會隨著時間的增加而不斷增多。

◈ 制定出省時省力的方法。比如每天去雜貨店買東西，可以列一個清單，以便一次買完，而不需要去許多趟，這種做法省時也實惠。預先計劃出一個星期的菜單，不僅能夠節約很多時間，而且和每天擬菜單相比，能夠更加合理的安排家庭膳食。

◈ 好好利用妳每天「浪費掉的時間」。馬上開始一個計畫，去做一些本應該做、卻因沒有時間做的有價值的事，而且只能用妳的休閒時間來完成這些事。試一下這個方法，保證讓你有意想不到的收穫。

◈ 高效利用時間，以便節省出更多的時間來做自己喜歡做的事情，就像蓋塞塔太太一樣。當她為孩子們熱奶瓶的時候，同時替丈夫做營業活動的計畫；當她等待烤箱中的肉烤熟時，就可以處理很多公文或起草計畫；當她帶著孩子們去公園玩耍的時候，同時可以做些織補的工作，這樣不是更有趣味嗎？

◈ 懂得充分利用現代化的省時省力的方法，避免做無用功。花費一下午的時間去逛街，買回的是可以郵購或電話訂購的東西，就是對時間最無謂的浪費。我們要充分利用報紙上的廣告專欄、從商店順手拿回的郵購目錄，要知道這些都是能夠節省時間的有效途徑。

◈ 善於聰明購物也是一種需要學習的技術，如果妳學會如何聰明的買東西，就可以減少逛街的時間。一旦妳學會這種技能，就能將時間和金錢運用得恰到好處，從中得到更多的收穫。

◈ 若想提高工作效率，節約工作時間，就要避免不必要的中斷，比如突然而來的電話或門鈴聲。因此妳必須學會暫時不去理睬。事後，如果妳向他們解釋清楚，他們不但不會怪妳，而且他們知道了以後應該在固定的時間打電話給妳，同時他們也會因為妳講求辦事效率而更加佩服妳。

亞爾諾德·白力特的《如何充分利用二十四小時》一書中有這樣的話：「啊，每一天的時間，都是上帝賜予的奇蹟……當你清晨睜開眼睛，像變魔術一般，你的生命裡就擁有了還沒使用的二十四小時！它是你的最寶貴的財產。

「你能夠把握住這二十四小時嗎？一種不是生存，更不是『混日子』的生活……在人的一生中，我們都曾這樣的乞求過：『假如再給我一點時間，我一定能夠做得更好？』但是，時間是公平的，它不可能有多餘的備份。

「但是請記住，我們早就擁有了已經存在的二十四小時。」

摻了智慧的家庭烹調

在《妳想要變成的女性》和《如何超越你的平凡》等書書中，作者瑪格麗・威爾森提出了很多有水準的富有哲理的原則。對於她所提倡的原則，她自身就是一個傑出的楷模。她的工作非常繁重，而且家務繁忙，然而當她和朋友們聚會的時候，她還要表現得美麗、高雅和從容。

前幾日，我有幸和丈夫一起到瑪格麗家，參加一個星期日的自助餐晚宴。總共有八位賓客，包括好幾個著名的政治家。宴會布置得非常迷人，氣氛也很活躍，總之，我無法用言語來表示對它的讚美。瑪格麗請我們吃了一頓精美的晚餐：炸雞，大碗酪梨和柿子沙拉，熱烤麵包，青豆蘑菇火鍋，自製的水果凍和甜美的水果冰淇淋。我想，做這麼多晚餐應該讓她忙得不亦樂乎吧，結果她看起來卻很輕鬆的樣子。令我驚訝的是，宴會上我並沒有看到有僕人幫忙。後來我問瑪格麗，她是如何獨自安排這樣一個精美餐宴的。

「很簡單，」她告訴我，「所有的東西都是用簡捷的方法做出來的。在客人尚未來之前，我就開始炸雞；當大家喝雞尾酒的時候，我把炸雞放在烤箱裡保持溫熱。水果沙拉是用罐頭水果在事前就混合好了的。我使用下午煮好的青豆，和蘑菇一起放進火鍋。甜點是事先把冷凍水果混合好，再撒到冰淇淋上面。這沒什麼麻煩的！」

現在仍有很多女性始終認為，請客吃飯需要好幾小時的烹調和烘製，擺放精緻的餐碟及特殊的服務。等到客人來到的時候，女主人看起來忙得不可開交，整個宴會上只能看到她忙碌的身影。

一九四八年在歐洲的時候，我丈夫和我到一位大教授的家裡赴宴。到達時，我們卻沒有見到教授的妻子，我感到非常奇怪。教授解釋說，他的太太正在監督僕人準備晚宴。當她出現的時候，只是坐下來閒談幾分鐘，可是，她的心思仍然留在廚房裡，不久她就又不見了。

晚宴的菜果然異常可口。但是，吃一頓飯真的需要花費那麼多的精力嗎？每道菜吃完以後，我們的女主人就跑回廚房裡監督下一道菜。當這種精緻而不舒適的晚餐結束以後，我們才稍微放鬆了一點。我們寧願到餐廳吃這頓飯，那樣的話，這位太太就不用這麼辛苦了，我們還可以好好的享用這次的晚宴。

其實，家庭主婦也可以利用創造力發現許多奇妙的簡捷方法，例如冷凍食品，包裝好的什錦菜，以及種類繁多的生活用品。何不好好的利用這些東西，使自己在最花費時間和精力的工作上做得更出色，做一個稱職又優秀的妻子呢？

當然，我並不是說妻子辛苦勞累做出的飯菜還沒有從商店裡買回來的冷凍食品味道好。但是，任何一位丈夫必然更期待當他晚上回到家的時候看到的是一位興高采烈的妻子，而不願看到他的妻子花了好幾個鐘頭去做飯和清洗，因而疲倦得使人對她提不起興趣，況且她自己也毫無興致了。

根據研究顯示，家庭主婦最大的缺點就是工作效率太低。吉爾布雷斯研究出的「節省行動」，已經使我們了解到許多處理家務的簡捷方法。妳有沒有透過動腦筋的方法，在五分鐘內完成一項原本需要十分鐘才能完成的工作？反省你處理日常工作的「方法」，最後，看能不能改進妳的工作效率。

最快的方法，往往就是最好的方法。

比如說妳在做晚餐的時候，如果妳一次從冰箱裡把妳所需要的東西全部拿出來，妳就會節省時間、精力和用電，不要第一次拿出青菜，然後再走一趟拿出水果，最後又走一趟拿沙拉醬。還有，把海綿和抹布放在房子各處的主要角落，這樣既可以保持清潔又可以節省時間。如果在浴室裡放有海綿，就可以每天隨手擦洗浴缸，輕鬆的保持浴室清潔，這樣比起每星期來一次大掃除要簡單得多。使用「走到哪裡，掃到哪裡」的方法，如此，妳就不會在六天裡沮喪的想著第七天還有許多做不完的工作等著妳。

在孩子很小的時候，最初我在浴室的盥洗臺上幫她洗澡——因為家裡沒有地方可擺嬰孩洗盆。由於我很高，我必須在整個過程當中都彎著腰身。這樣一來，我的背部就承受了很大的壓力，結果疼了很久。於是，我開始在廚房水槽替她洗澡。這種方法可真不錯，我可以舒服的站著——在臺上替她脫衣服——水槽對小孩子來說是更寬敞了，很容易保持清潔。甚至還連有一個小噴霧器，她還可以享受沖浴呢！

那些懂得如何忙碌的女士，在晚上洗餐具的時候就順道擺好早餐的東西。這樣可以省去把碟子拿去收好。第二天清晨再把它們拿出來的麻煩。也可以使早餐吃得更加輕鬆舒適，不像是一場緊張的賽跑。

對一般女士來說，上街購物是最浪費時間的事。怎樣解決這個問題呢？下面我向妳們介紹幾種簡單的方法：

◎某些常用的物品，要大量訂購。例如：衛生紙、餐巾紙、紙毛巾、化妝紙、肥皂、洗手乳、牙膏、清潔劑和防臭劑，這些東西都可以郵購或電話訂購。大量購買有好多益處，這樣可以使我們享受便宜價格和送貨上門的好處，這就節省了大量的時間和金錢。

◎購買以前，先做好計畫。例如，如果妳想買一件夏天的長裙，在妳走進商店以前，就要先想好顏色、布料、樣式以及妳能夠負擔的價格。這樣，妳就可以節省時間，也不會因為不知道究竟想要什麼而買下一件毫無用處的東西。

◎加入一家消費者服務社。我所加入的這家，一年的會員費大約六美元，但是，它為我節省有好幾倍於會員費的錢。這種服務社每月寄給妳商品說明書，一年給妳一本目錄。目錄裡登載市場上所有的商品，告訴妳這種商品的詳細說明和介紹。最貴的商品，並不一定就是最好的。去年，我透過這個消費者服務社發現一種售價零點四九美元的洗手劑，是市面上最好的品牌，然而我所使用的一美元的洗手劑，等級就差很多了。單單這一項節約，對我來說，就足夠換回參加服務社的花費了。

◎學習使用雜記。在辦公室裡工作的這幾年，使我養成記雜記的習慣。如果妳沒有超強的記憶力而又想節省時間，那麼雜記是妳可採取的一種有效方法。無論妳要安排一個宴會，上街購物，訂購商品，或是計劃年度的預算，妳都應該把它記在本子上，這是一個良好的習慣。

如果妳利用這一章所提到的簡捷方法處理家務的話，那麼，除了能完成它的目的以外，還會帶給妳更多的好處。只要妳認真的檢討一番，妳會很快的找出提高工作效率的方法。這樣妳就節約很多時間，把它拿來進行妳的計畫，或是和妳的丈夫有更多的時間相處，豈不是更好？

她是多麼溫柔可愛

我在著名作家E．J．哈代的某一篇小說中，讀到過這樣一些內容：在紐西蘭某處的基地有一塊陳舊的墓碑，上面刻著一個女人的名字和這些文字：「她是多麼溫柔可愛」。

這句話使我非常震撼，我實在想不出還有什麼其他的碑文是我更想擁有的了——或是更值得擁有的了。我想這位哀傷的丈夫在寫這些讚美的文字時一定在回憶那些數不盡的幸福：當他勞累一天，回到家裡的時候，有妻子溫柔體貼的微笑在等候著他，熱騰騰的飯菜擺在桌上，說一句陳舊的小笑話也會有人附和著大笑，家庭永遠充滿愛意與舒適。

做個「溫柔可愛」的女人，然後有個成功的丈夫，這兩件事似乎是很有關連的。根據專家的說法，妻子如果能夠使自己的丈夫快樂幸福，那麼丈夫就有更好的機會得到事業的成功。但是令人可悲的是，很多深愛著自己丈夫的女人，卻不知道如何使她們的丈夫得到快樂和幸福。她們深受著丈夫，卻又做著傷害丈夫的事情：丈夫有緊急事務需要處理時，仍然像水蛭那樣緊纏住他不放；應該靜靜聽丈夫說話的時候，卻喋喋不休；管理起家庭來又像是個軍訓教官。

對於大部分妻子來說，要討男人的歡喜並不很困難，但是起碼要像準備一次盛大的晚宴那樣，需要機靈、動腦筋與肯努力，只是不需要花費很多的時間去裝扮自己。

當然，這絕不是說，我們不應該盡量使外表顯得更迷人。而是總有許多人過分的注意自己的裝扮和衣飾，卻忽略了表現出內心的關懷。懂得贏得丈夫歡心藝術的女人，在失去迷人的青春和姣好的身材之後，就不必擔心掌握不住丈夫的心。

對於一個優秀的女祕書，她知道如何使自己的老闆歡喜。她研究老闆的嗜好，她知道他喜歡什麼，也知道什麼東西會使他生氣，以及在怎樣的環境下才能把工作做得更好。甚至她會改變自己的嗜好，使老闆覺得更舒服，例如紅色是她的老闆最喜愛的顏色的話，她就會穿上自己不喜歡的紅色外套。

其實，做妻子的，完全可以「竊取」我們上面講到的祕書所用的技巧啊。當然，我們一定可以像為老闆工作那樣，為我們的丈夫做同樣多的事情。那些令人羨慕的成功婚姻，都是建立在妻子能夠學習與實踐使丈夫快樂的方法之上的。

羅斯福總統喜歡讓夫人安排兒女中的一個跟隨他們去演講旅行。這種安排果然發揮了有效的成果，羅斯福總統經常臉上掛滿笑容。羅斯福夫人說，通常孩子們輪流和父母親出外旅行，每隔兩個星期就輪換一個。「在那些旅途之中，總是有許多家庭趣事，」她說，「我們在一起總是高高興興，有說有笑的。這使我丈夫更容易勝任繁重的工作。」

另外一位總統的妻子艾森豪夫人說過，女人最主要的工作就是用許多小事來創造別人的幸福。其實，這些小事並不小。柴斯特菲爾德（Chesterfield）不是說過「要養成最好的風度，總是先要做些小犧牲」這句話嗎？那是美滿婚姻的祕訣。情願為丈夫、為家庭放棄一些愛好的妻子所得到的報償，和那些小犧牲比起來有價值得多。

奧嘉．卡巴布蘭加夫人就十分贊同上面的說法。她是約瑟勞爾．卡巴布蘭加先生的遺孀。她的先生曾經是古巴的外交官和世界著名的國際象棋冠軍。卡巴布蘭加先生是一個聰明、靈巧而受人歡迎的人。但是他也有男人異常固執的一面，這對與一般的女士而言總是很難接受的。

但是他們的婚姻卻非常美滿成功，他們享有愛情、浪漫和相互的尊重。奧嘉．卡巴布蘭加帶給她的丈夫這麼多的快樂，所以她丈夫有時候也會為了取悅她而放棄自己始終堅持的那些看法。

她的這種成功是如何獲得的呢？只不過是做些「小犧牲」而已。當卡巴布蘭加先生心情不好而不說一句話的時候，她就讓他獨自去思考，而不會以嘮叨話來激怒他。她本來喜歡舞會，但是她的丈夫卻喜愛把大部分時間留在家裡。因此，她心甘情願的放棄熱鬧盛大的舞會，並且沒有絲毫怨言。如果她丈夫不喜歡她所穿的衣服，她就會徵求一下丈夫的意見，然後立刻去換上他所喜愛的。她丈夫是個喜愛哲學和歷史的讀書人，奧嘉本來只喜歡讀一些比較容易讓人理解的書。然而她還是認真的讀了丈夫喜歡的書。她總是這樣說，這是為了「趕上他的思想，並且欣賞和領會他的意圖」。

那麼她的丈夫是如何做的呢？聽聽以下故事的發展你就會明白了。

卡巴布蘭加先生本來認為，贈送禮物是一件非常幼稚和矯揉造作的事。但在一次情人節的時候，他卻像個小學生那樣紅著臉，送給他太太一盒很大的、漂亮的巧克力，他是想利用這份禮物對他心愛的妻子表述愛意。她非常高興，那種興奮和激動之情簡直無法用言語形容。自從那以後，送禮物給自己的太太，就變成卡巴布蘭加先生最大的樂趣之一了。

還有一次他花錢請一名職員加班兩個小時，用一連串不同大小的盒子把一小瓶香水包裝起來，只是為了換取當他太太打開這些盒子時臉上的快樂和光彩。卡巴布蘭加太太是如此用心於創造她先生的幸福，而她的丈夫也在博取她的歡心之中得到許多快樂。因此才有了這樣幸福美滿的婚姻。

有付出就有回報，用心去努力讓丈夫幸福的女性，同樣也會得到丈夫的理解和給予，就像卡巴布蘭加太太那樣。偉大的迪斯雷利（Disraeli）的妻子也是這樣，她常常跟她的朋友這樣說：「真要感謝我丈夫的體貼，我的生命贏得了永恆的幸福。」

若想使妳的丈夫快樂幸福，只須使他感到舒適，以及讓他按自由的意願去做他必須去做的事，這樣就可以了。這句話的意思中也許就包括需要改變自己那些丈夫不喜歡的個性，以及培養自己擁有那些丈夫所喜歡的個性。但是不管怎麼做，我們都應該了解，只要使他快樂幸福，就等於為他在社會上獲取成功做了最大的貢獻了。

如果我們能夠做到這些，那麼我們也能夠換取在四十或五十年以後，他會說；「她是多麼溫柔可愛。」這是一個多麼崇高而又令人感動的評價啊！

好妻子的十條原則

每一位女士幾乎都想成為一個好妻子，那麼究竟如何做才能達到這個目標呢？經過專家們多年來反覆的探討，最後總結出十條應該做到的準則。如果妳信任並堅持這些原則，妳的家庭生活會更加和睦，夫妻感情也會更加美滿。

尚未步入婚姻殿堂的女人對於婚姻總是充滿美好的憧憬，而一個剛剛步入婚姻殿堂的新娘更是幻想著婚後的幸福和甜蜜，她們認為婚姻是永遠的蜜月生活，充滿了羅曼蒂克的愛情。然而當嚴峻的現實出現時，妳會發現幻想成了泡影，一切都沒有妳想像中那麼美好。可能是丈夫變了？還是妳自己也變了，再也不是從前那個既可愛又有耐心、才華出眾、令人羨慕的女性。你們兩個人都變了。

妳渴望那個美麗的夢想變為現實嗎？那麼讓我們一起領會下面十條準則的內涵。

深刻理解愛的涵義

很多女性都曾經擁有過甜蜜的戀愛回憶，可是這種幸福的感覺隨著婚姻而逐漸消失。有時候甚至會認為自己的婚姻完全是個可怕的錯誤，自己應該和其他的什麼人結婚。

其實，愛情並不只是簡單的戀愛，它比妳想像的要複雜得多。妳必須讓自己變得可愛，才能希望被人愛。但是這一點並不是很容易就能做到。因為它和妳的自身觀點是否發生根本變化有關。也許妳同樣希望妳的丈夫也能夠為妳而改變，當然，他的確有很多地方需要改變。但是，如果你們的感情沒有完全成熟，那麼這個想法就必須放棄。使徒保羅在寫給哥林多人的一封信中說：「愛情會永遠成功」，它的意思是，只要妳用自己的溫情使你們的愛情達到成熟，妳就可以獲得成功的婚姻，而以教訓、挑剔或者以眼淚來哀求的辦法都不可能做到。

愛情不是男女之間的相互吸引，也不是青春期少女的痴情。愛情是一種能力，它可以將對生活的熱愛，對朋友的友愛及適當的自愛還有其他的愛用多種方式表達出來。沒有人能夠得到全部的愛。如果妳希望丈夫愛妳，那妳必須學會一種他能接受的方式，將成熟的愛情賦予他。有些男性由於生長環境的影響導致思想保守，他們能夠接受的愛的方式也是含蓄的。而如果他的妻子生活在感情外露、充滿柔情的家庭，那她一定會抱怨丈夫的感情太冷淡且不積極。

愛情的基礎不是簡單的兩情相悅，它必須有雙方都能接受對方表達愛的方式作基礎。愛情是奉獻，而不是索取。如果妳想得到丈夫的愛，那麼妳就應該細心呵護他、去愛他，和他一起承受失敗和痛苦，滿足他的需求，還有不要指責批評他。如果採取生硬的態度索求愛情，或者擺出一副可憐的樣子都是行不通的，那樣只會使丈夫更加疏遠妳。

不要追求「完美的婚姻」，只能努力創造美滿的婚姻

婚姻畢竟是兩個不同的個體結合的整體，世界上沒有完美的人，每一個個體都是有缺陷的，所以毫無疑問，完美的婚姻也不存在。年輕人常常對婚姻懷著不現實的期望，將它想像得非常理想。儘管現實生活中也有少數非常理想的婚姻，但是必須明白這是夫妻雙方多年來共同努力完善的結果。

婚姻生活就像一個新的生活旅程，它需要妳用心去呵護、去培養。一個妻子曾經說過，在這個新的旅程中，所有的精力都被「乏味的工作、孩子的尿布和夫妻的吵鬧還有貸款」占據了。另外，結婚後，妳會慢慢發現，妳曾經那麼瘋狂的愛過的人並不是妳理想的丈夫，妳也不是他想像中的妻子。你們之間開始出現分歧、矛盾，也開始相互爭吵賭氣，以前戀愛時沒有發現的對方的缺點全都暴露出來了。所有的這些都令妳難以接受。婚姻關係是所有人際關係中最棘手、最複雜的，想將它處理好就需要有耐性、技巧、感情和精神

上的雙重成熟，要全部做到非常困難。但是如果妳願意付出精力，那妳一定可以「培養」出良好的婚姻關係。

盡量了解並滿足丈夫的特殊需求

每個人都是這世界上獨一無二的，妳的丈夫也不例外。他是一個不同於其他人的綜合體，就和妳一樣。他有男人的剛強和力量，有自己的缺點、需求和喜好。總之，妳要用他所喜歡的方法去取悅他。雖然妳作為一個妻子，有著強烈取悅丈夫的願望，但是妳的方法如果滿足不了他的需求，妳就無法達到妳的目的。

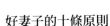

如果妳的丈夫是一個整潔細膩的人，那麼他就希望家裡的布局整潔有序，而如果家裡的東西擺放得毫無條理，他可能會煩躁不安，甚至大發雷霆；如果他是一個十分愛好運動的人，毫不關心家裡是否清潔有條理，就希望妻子能和他一起參加運動；如果他是一個做任何事都不加思考，脾氣急躁的人，就希望妳能夠認同並接受這種生活態度；如果他非常精明會算計，喜歡有計畫、穩穩當當的生活，就希望妳也能配合他的腳步。

有一些諸如「順從他的意願就能取悅他的心」之類的經驗之談，這些對妳的丈夫也許合適，也許根本行不通。切記不要對妳的丈夫的愛好產生偏見，而應該去發現屬於自己的那個男人真正喜歡的東西。

如果一開始妳不能滿足他的全部需求，不要認為自己的婚姻已經失敗了，因為這是一個需要慢慢適應的過程，沒有人能夠一開始就能對他人的一切都完全贊同。同樣的，如果丈夫沒有滿足妳的全部要求，妳也不能因此就認為他不配當丈夫。不管怎樣，一旦妳發現丈夫的特殊需求時，就應該不斷的努力去滿足它。但是，如果丈夫提出無理的、完全不現實的要求，妳應該立即表達自己的觀點，維護自己的尊嚴，沒必要成為一個忍氣吞聲的可憐蟲，因為丈夫的需求應該用愛去滿足，而不是用軟弱去服從。

不要過於依賴父母，也不要對丈夫的親戚妄加評論和指責

當我們結婚以前，我們與父母共同生活了那麼多年，我們很容易養成極強的依賴感。在妳結婚後的頭幾年，無論做什麼事都要依賴他們，但是妳漸漸的成熟起來、獨立起來，依賴心理也慢慢減少，直到最終完全不需要。父母很疼愛自己的子女，雖然他們意識到應該讓女兒獨立，但又害怕從此失去女兒。這種下意識的恐懼感就會以各式各樣的形式表現出來，比如隨時隨地指點女兒的生活，父母的這些指點或許從某種意義上來說確實幫助了女兒很好的生活，甚至將她的生活完全控制，因為他們不願女兒犯錯誤。但是這種做法導

致一些三、四十歲的婦女回家探望父母時的表現就和孩子沒有兩樣，有些女性因此抱怨父母。一個三十八歲的女士說：「每次我回家看望媽媽，她總把我當作一個不懂事的孩子來看待。她替我照顧孩子，指導我如何對待自己的丈夫，什麼事該做，什麼事不該做。她總是覺得我沒有長大成熟，當我回家以後，她還會打電話或寫長信來指點我。我很愛她，但是更希望她允許我犯些錯誤，好讓我得到教訓從此獨立起來。」

首先，這是一個常規現象，母親對於女兒總是有著強烈的控制欲和占有心理，雖然很多母親都表示要讓女兒完全自由，但是她無法割斷兒女之間的臍帶式關係，天生就具有要滿足兒女需求的願望。其次是做為女兒的，雖然很嚮往完全脫離母親而獨立起來，但潛意識仍覺得需要母親的幫助，覺得自己不夠成熟，她沒有斷然拒絕依賴的能力，所以不能堅定的拒絕母親對自己生活的干涉。

在婚姻關係中，切記不要對丈夫的親戚妄加評論。也許丈夫對某個親戚的行為感到不滿意，甚至會責備自己的父母，和兄弟發洩不滿，和姐妹鬧情緒，但是，這個時候妳千萬不要和他一塊指責他的親戚，因為他絕不會欣賞妳指責的態度，妳的態度應該是忍耐。同樣的，丈夫沒有權力，也不應該指責妳的親朋好友，因為那是妳的家庭。

善於用鼓勵取代強迫

我收到一位丈夫的來信說：「我妻子總是埋怨我，說我不欣賞她所做的努力，她說我從不注意她新買的衣服是否漂亮，從不誇獎她花了一天時間收拾得整潔乾淨的屋子，如果我認為這些只是平時普通的工作，她就表現得非常氣憤，好像是我否定了她的工作價值。但是，當我將薪水拿回家時，她也沒有任何激動的表情，讓我感覺她並不會為了這個勤奮有能力的丈夫而驕傲，但我可以對她這種態度毫不在意。我不明白的是，為什麼她總希望我表揚她做的煎蛋捲、可口的飯菜還有她的新式髮型？這些都是她的本職工作啊！難道她不應該這樣做？難道我每天工作得筋疲力盡就應該？」當然，女性比男性更需要安慰。如果妳辛辛苦苦做了一頓豐盛又可口的飯菜，當然會極度渴望聽到丈夫讚賞的話。可惜，很多丈夫並沒有意識到這一點，因為男性缺乏那種對周圍事物的敏銳觀察，他們不會把注意力集中在每天的食物和妻子的穿著打扮，因此很少讚賞別人。事實上，丈夫也同樣需要安慰和表揚。

在對自己或者某件事情的態度上，如果妻子總是在強迫丈夫和自己在觀點上保持一致，那麼這種強迫只會帶來丈夫對妳的敵對和逃避。最明智的辦法是將妳所期望的賞識表揚給予丈夫，如果妳的丈夫對周圍的事物反應遲鈍或者太自私，不明白妳需要的東西，妳應該溫柔的讓他知道妳的想法。不要總是抱怨或擺出一副委屈的樣子，那樣妳只能得到他的反感情緒。還要記住，沒有一個男子願意被人看成小男孩，因此也不要用母親責備孩子的口氣譴責丈夫。用溫柔和機智可以獲得勝利，指責和強迫注定會失敗。

好丈夫從來就不是天生的，但是一個好妻子可以鍛造出一個好丈夫。也就是讓丈夫在不知不覺中接受妳的觀點，同時他還能學到很多東西。如果妳態度強硬的指責他，那他學不到任何東西，反而離好丈夫的標準越來越遠。

清除可怕的占有欲和嫉妒心

每個人都會有嫉妒心，但是一定要掌握住程度的問題。當嫉妒到處瀰漫，最後演變成占有欲時，它就具有極大的危害性。嫉妒心和占有欲緊緊相連，過度占有欲的根源是缺乏安全感。

這種占有欲望會使丈夫對妳產生厭煩的情緒，逼迫丈夫離開家裡，甚至投入其他女性的懷抱。如果妳有很深的不安全感那麼就盡快向婚姻顧問請教，因為妳無法自己消除這種障礙，不過需要很長的時間和耐心才能改善。

用溫情迎接丈夫

當丈夫下班回家時，妳一定會希望他滿懷熱情，因為妳有這種正當的需求。如果他哭喪著臉回到家，妳就會覺得鬱鬱寡歡和失落。其實丈夫的想法也和妳一樣，當他下了班回家，如果妳沒有熱烈的擁抱他或親吻他，他同樣會感到很失落。這時雙方就容易發生衝突。

也許妳會因緊張的生活節奏而煩躁不安，這時妳就需要有人替妳分擔重任和憂愁，需要有人可以依靠，如果這時他不聞不問，而且對妳的哀怨表示不耐煩，也許妳會感到非常難過。其實丈夫並不是不關心妳，他只是也有很多需求沒有滿足，妳應該理解他。

妳一定要養成用熱情迎接丈夫的習慣，不要一見面就開始互相埋怨訴苦，麻煩的事可以等會再說，這對你們是大有好處的。或許，妳的丈夫並不像妳想像的那樣更理解人，更善於交談和讚揚。實際上，他根本達不到像妳所想像的那樣完美，他對妳也會有同樣的看法。當他拿著報紙坐在電視機前，心裡也許在想：「我結婚前的日子很平靜安寧，一進門從來都沒有壞消息和牢騷惹我心煩，可是為什麼結婚後就變成這種情況了呢？」

婚姻生活中出現的這種情況，並不能把原因推給其中的一方，其實根本就說不清誰對誰錯，它不過是衝突的一種表面現象。因為雙方都把自己看得太重了，必須有更成熟、更懂得愛情和理解人的一方打破這種僵局。如果妳想打破僵局，就應該為此而努力，給予丈夫更多的柔情和讚賞，但不要期望很快就會見效。因為妳的突然轉變或多或少會引起丈夫的猜疑，如果妳希望自己的婚姻變得美滿和睦，就應該任勞任怨的努力一年甚至五年的時間，用溫柔體貼讓他最終屈服。

責備不能改變丈夫

改變自己和改變他人，這是一個非常複雜的問題，首先，我們應該明白，我們不可能直接的改變他人；其次，我們唯一能夠改變的只有自己；最後，當我們為了對方的利益做出改變時，其他人也會做出相同的反應。

這三條原則是非常重要的。如果妳不能徹底放棄改變丈夫的想法，那麼妳就很難擁有一個美滿幸福的婚姻。那種「必須服從我的命令！」的唯我獨尊的態度一向只會導致敵對情緒，不僅丈夫會反擊，孩子和其他人也會採取同樣的辦法，因此並不可取。想得到愛就必須先付出愛，相互責備換來的只有敵對。

其實，每個人都表達自己感情的權利，但怎樣表達非常重要。看看下面的兩種不同態度，思考它們會產生什麼不同的效果：

「你整天在想什麼呢，你到底有沒有把我放在眼裡！你總是想不起我們的結婚紀念日；也從不和我說話；不知道關心孩子；我們一家人已經很久沒有在一起出去旅遊了。」

「親愛的，最近我心裡矛盾，也許只有你可以幫助我。這段時間我的情緒也很糟糕，我本來想去檢查一下，不過現在我想可能是其他的原因造成的。究竟為什麼會發生這種情況我也不太清楚，也許是孩子們太頑皮了，我常常感到心煩意亂。我知道你的工作也很辛苦，有時候你的情緒看起來也不好，但是我仍然只顧及自己的感受，在你面前發洩自己的不滿。也許你覺得我不再愛你了，其實我仍然和從前一樣愛你。你知道嗎？現在我覺得自己對你不像結婚前那麼好了，因為那時我不嘮叨。假如我變得十分愛嘮叨，你一定要提醒我讓我及時改正，親愛的，如果我們從頭再來，我一定比現在做得更好，我會努力變得更溫柔，扔掉那些不滿情緒。當然，我沒有權利改變你，也不打算要你改變。找個時間把孩子託付給別人，我們一起出去散散心，或者先去野餐，然後再隨便逛逛，那是多麼美妙啊！有時候也應該留點時間給自己，你覺得如何？」

也許有的丈夫會立刻做出反應，有的則不會，對於後者，只要再努力一下就行了。當然，只有真正想跟丈夫表示愛意時才可以採用這種溫柔的方式，妳絕對不可以把這種方法作為自己達到目的的一種手段。如果丈夫比較靈敏，會立即做出反應；如果他比較遲緩，可能需要一年的時間；不管怎樣都是值得嘗試一下的。改掉命令、強迫、委曲求全的毛病，將改變丈夫的行為停止，展現妳對丈夫的愛情和良好的耐心。

要謙虛，不可自以為是

不謙虛和自以為是是人們的通病，許多在養尊處優的環境中長大的男女都會有，他們總認為自己高高在上。實際上，人與人之間只存在著差別，絕對沒有人是特殊的。一個聰明美麗的女孩如果經常聽到別人誇獎她，她就會認為這是非常自然的事，因為她敬愛的父母、親戚和朋友都這麼說，不管他們用怎樣的方式來表達，或許是真心的讚美，或許是虛假的附和。如果她是父母心中最寵愛的孩子或是最小的孩子，通常她會更加敏感；假若她還擁有某一方面的特長，那麼她就真的認為自己有一種特殊的優越感。這樣的女孩子從擺布爸爸開始的基礎上，很快就能學會如何擺布別人。這種從兒童時期就具有的自我陶醉的心理，不僅是心理不成熟的表現，而是對她以後的成長也是很危害的。只有拋棄這個兒童時代的遺留物，我們才能在感情上真正的成長。

人人都希望從他人那裡得到「特殊」的待遇。一個自以為是的人只會提出過分的要求、對別人發號施令，當別人不能滿足自己的願望時，他就會大動肝火，他從來不知道給予這兩個字。她甚至會將買必需品的錢用來買奢侈品，還有她總是提出一些過多的要求。只要她會耍手段，就會巧妙的擺布別人來實現自己的要求。如果妳發現自己也有一些這種兒童時期的遺留物，即使小得可憐，也要從現在開始將它扔掉。

遇事要有耐心，盡量做到容忍

一位女士曾這樣告訴她那位愛酗酒的丈夫說：「酗酒不過是一種小毛病，很容易克服的。更何況，你很少飲酒過度。如果你很愛我，那麼你就會為了我而克制自己的。」結果這些話讓他的心理情緒更加緊張，反而喝得更厲害了。

還有一位妻子的丈夫對足球異常痴迷。妻子在結婚前從來沒有為此事傷過腦筋，但是結婚後，丈夫每逢週末就和朋友們一起去玩球，而她則被丟在家裡，時常一個人孤伶伶的，於是她開始抱怨自己的丈夫讓她孤獨寂寞。

一些女性對於婚姻有著美好的嚮往，因此認為丈夫的不易覺察的缺點根本算不了什麼，態度有些盲目樂觀。另外她們始終相信「愛情可以改變一切」。但是在很多情況下，只有正確的愛情才能解決這些婚姻問題。有一句話：「愛情需要耐性和友善」，因此正確、成熟的愛情少不了耐心，不成熟的愛情達不到持久的效果。

無論如何，都不要指責、埋怨，更不能強迫命令。妳無休止的批評和指責，只能使丈夫就離妳越來越遠，哪怕妳說得完全正確，也無法控制他。「愛情能帶來一切希望」，對於丈夫沒完沒了的喝酒，迷戀於足球球場、專心致志的看電視；對於他忘記情人節買禮物給妳；對於他的粗心大意、毫不講理等等缺點，發脾氣是解決不了任何問題的。容忍這些難以接受的行為需要付出極大的耐心，但是只有耐心才是建立美好婚姻的基礎。

當然，有耐心並不表示妳必須屈服於自己的丈夫，放棄表達自己觀點的權利。因為婚姻同樣沒有賦予妳丈夫控制妳的權利，愛情和婚姻絕對不能靠忍氣吞聲來維持。也就是說，對他人具有耐心並不會使我們喪失自己的選擇權利。

親暱愛人枕邊書

如果一個女性不渴望性生活，或者在性生活過程中體會不到任何快感，那麼，這種現象就是性冷淡的一種表現，它的意思是指一種冷漠。

有些病人天生既沒有性要求也沒有性交時的快感，她們的這種病是先天性的。有的病人只是其中的一種情況，還有一些兩者兼而有之。而大多數人的病因都是各式各樣後天的原因形成的，有些情況甚至是非常短暫的。據統計，該病的女性患者比男性患者占的比例要大得多，有的醫生宣稱大概有百分之五十的女性患有這種情況，這種說法可能有些誇張，我認為百分之二十五就差不多了。

女性產生性冷淡的原因很多，下面我們來一起了解一下各種原因的具體情況。

◎**未婚女性極度壓抑自己的欲望**：這個問題很早以前就存在，以至於一部分人的性冷淡完全成為遺傳。由於我們不想或者無法讓它表現出來，於是只能長期的壓抑它，它自然而然的就會減弱。

◎**過度手淫**：這種毛病很容易發生性冷淡，不能從性生活時體會快感和高潮，甚至完全討厭性生活。

◎**丈夫具有性功能障礙**：當丈夫具有早洩等性功能障礙時也會減弱妻子的性欲，往往導致妻子成為性冷淡，有時甚至極度討厭性生活。當然並不是所有的情形都這麼嚴重。

◎**女性並不愛自己的丈夫**：一個女性和這個自己不喜歡的丈夫在一起時會產生性冷淡，也許當她再嫁給與自己情投意合的人後十分強烈。

◎**懷孕**：這種情況相對來說還是比較少見的。

以上是五種比較常見的原因。當然還有其他的諸如婦科疾病、子宮頸裂傷、卵巢出現炎症、甲狀腺病變等也會造成性冷淡。還有一些原本性冷淡的女性，過了四十歲性欲反而強烈起來，有時年紀甚至更大，這是一種異常不好的狀況。

對於那些先天性的性冷淡，我們只能對其表示可悲了，因為它幾乎沒有什麼治療的方法，但是大部分後天原因的性冷淡都可以治好。大約有三分之一或四分之一的女性很少會有性要求，有的是完全沒有性要求。因為她們從中得不到快感，也從來體會不到情欲高潮。如果妳還沒有結婚，那麼這種情況倒是不會給妳帶來什麼大問題。如果妳已經結婚了，最好的結果是瞞著妳的丈夫，不然，它將給妳帶來許多不必要的麻煩。如果丈夫知道了這個情況，有的對此很是氣憤，有的反而會感到高興，認為是一種天賜的福氣，因為這樣就可以隨心所欲的以自己希望的方式進行夫妻生活。他們不想照顧妻子的感受，也不願做出犧牲使妻子達到性高潮。

如果丈夫發現妻子對於性愛沒有任何感覺，他們就會覺得非常掃興。有的人脾氣突然變得暴躁；有的人開始厭惡妻子；有的人乾脆完全失去了性交的興趣；有的人甚至宣稱無法忍受和沒有反應的女人性交了。可見，性生活也可以約束男性。但是有些男性因此出去找別的女人；有的人本來就不愛自己的妻子，現在正好找到藉口可以要求離婚了。

目前還沒有任何辦法可以讓男性知道，自己的妻子在性生活中是否有感覺，是否覺得高興，是否會出現性欲高潮。如果妻子不告訴他的話，他是無法知道的，因為這些都屬於感情問題。

假如妳深愛自己的丈夫、家庭和孩子，不希望家庭破裂，妳就不應該把真實情況告訴自己的丈夫。假裝自己能從性生活中得到高潮，模仿妳沒有體驗過的感覺並沒什麼危害，甚至可能促進性欲品質。妳的丈夫完全不會察覺，也許會更喜歡妳！它不過是個善意的謊言，它的目的是純正而又無害的；善意的欺騙根本不會傷害丈夫，恰恰相反，這麼做對大家都有好處。當然了，如果妳是一個十分鄙視性高潮和欺騙行為，不願受到任何約束的人；或者寧願為了說實話，而付出和丈夫分居、甚至離婚的代價，妳也可以將情況告訴他，這樣妳就能自由了。有的女性，她們不願假裝性欲高潮的情形，是認為如果丈夫識破，會讓雙方顯得很尷尬。其實如果自己稍加注意一點，丈夫是根本看不出來這種偽裝的。

當然，我們都追求那種無欺騙的完全坦誠的婚姻生活，但是，有些情況在道德標準的規範下要求我們必須那樣做。因此，為了家庭的和睦，這種善意的諾言是不應該得到他人的批評的，相反，他人都會諒解並對此表示支持的。

夫妻生活和諧，需要了解一些相關知識。下面這幾個方面，就是重點內容：

結婚女性的好處

任何人都不喜歡賣弄風騷、善於公開挑逗的女性。作為女人，妳若是不想讓自己陷入窘境，最好的辦法就是收斂一下自己的性感，也就是說除了和丈夫一起時才可以流露出性感，其他的任何場合都不要和丈夫以外的男人眉來眼去，更不要讓別人認為妳是一個輕浮的女性。因為妳已經結婚了，結婚了的女性是多麼幸福啊，妳很喜歡自己的丈夫而且能經常和他在一起，當然，等妳有了非常穩定的家庭之後，妳也可以或多或少的挑逗男性，在舞會上和他們跳舞等。但是，妳必須明白挑逗這個詞的真正意義，它是簡單而又潔淨的，不要把它想像得那麼複雜，簡單的說，挑逗就是讓一個男性明白，妳是個女人，而他是個男人，僅此而已。

當然，如果我們要保持自己的女性角色，我們就必須要讓別的男人注意到我們的存在。是的，沒有一個男性會對一位已婚婦女的挑逗感到神經緊張，因為一個非常安全的已婚女性不想從他身上獲取什麼東西。而那些單身女性的挑逗就不是這樣的結果了，單身女性往往想和他結婚，或者從他那裡得到什麼好處。一個結婚的已婚女性有一個丈夫去愛，她只想在生活中認識更多的男性朋友。妳的男性朋友不需要有什麼限制，單身也好，結婚的也行，可以是一個也可以是多個男性，他們和妻子或女友之間的感情融洽與否，這些都沒有關係，妳可以「坦然」的和他們跳舞，接受他們的稱讚，享受互動的快樂，因為妳只想他們感受到妳的魅力，從沒有其他的想法。

已婚的女性通常有一個愛好，那就是幫助有情人終成眷屬，因為她們覺得這是一項令人讚賞的活動，並且幫助別人產生的歡樂能使妳從中得到滿足感。一個已婚女性非常願意體驗這種感受。如果某位男性引起了妳很大的興趣，而妳又不想和他產生曖昧關係，僅僅只想和他見面。這時妳可以邀請他和他的妻子和妳共進午餐，因為單獨畢竟有點不妥。如果沒有婚姻，妳會感到茫然無助，婚姻讓妳和妳摯愛信賴的丈夫一起生活，還可以提供和這個世界中妳所欣賞的其他男性交流的機會。因此婚姻可以提供一個既安全又強大的基地。

如何對待丈夫的不良習慣

我們常常會發現，以前生活在我們身邊的某位壞脾氣的男士在結婚後突然性格變好了。造成這種結果的原因可能是他們和一個真心相愛的人生活在一起了，可見夫妻之間也能夠為對方造成潛移默化的影響。雖然我們不能改變丈夫的本性，但是卻可以對他產生影響，甚至改變他的行為。

那麼要如何才能改變丈夫的某些習慣呢？首先，妳必須保證這種改變對他有好處，對周圍的人也有好處，是由壞習慣到好習慣的改變，而不能只是因為他的這些習慣與妳的某些習慣不相符，也就是說，妳確定這種改變合情合理，自己的觀點完全正確，那麼妳的做法應該依照以下幾條原則：

◈ **以自己作榜樣**：將妳友善待人、富有耐心、維護身體健康等等好的一面展現出來，然後用這些行為影響他，如果他像妳那樣去做就可能改變。

◈ **不要輕易指責**：如果妳想達到改變的效果，千萬不要說出「討厭」的字眼。指責會讓他產生對立情緒，故意強化不良習氣。

◈ **操縱**：很多國家都會運用策略和外交手段使自己免於災難，這就是運用操縱，我們也可以採用該手段來改變丈夫。那麼，操縱到底是什麼意思？簡單的說，就是為了讓別人做到妳需要的事，或者有利於他的事，而採用的某種戰術和外交手腕。

也許妳想用事實證明他做錯了？也許妳要曉之以理？但是，我的朋友，妳可能用過很多辦法，可他沒有任何改變。難道不是這樣嗎？那麼，究竟該怎麼做呢？比如，妳可以重點強調某個主題，要用充滿愛意、建議的口吻和他說，直到妳獲得最後的成功。

妳不妨試著這樣說：「親愛的，你的身材真的是超棒，假如你的體重能夠減少十公斤，那就更加完美了。」另外，妳也可以說：「我母親常常在我面前稱讚你，她非常喜歡你，不過，你用不著經常去看望她，隔半年去看一次就差不多了。如果你能待到星期五上午回來，而不是當天晚上那就更美妙了，因為週五是她的生日，我們可以帶她出去吃飯，這樣我母親肯定會很高興的。」

當然，妳也可以這樣說：「你對我母親一點都不好，總有一天她也會討厭你的，你怎麼這樣自私，永遠只考慮自己呢？」對比這兩種說法，妳知道應該怎麼做了嗎？

當丈夫忙碌了一天，心竭力乏的回到家時，最好的方式是，妳趕緊去門口迎接他，為他倒上飲料或冰鎮酒，要麼就打水洗臉，切記不要發脾氣。如果妳是這樣的善解人意，他又怎麼會對妳發脾氣呢！其實，妳的目的並不是想當天使，只不過是想方設法的使自己免遭責罵。記住，這個辦法是非常有效的。看到這裡，妳也許要說：「天啊，怎麼聽起來我像個奴隸一樣啊？」這是因為有些事情永遠無法改變，男性也是很難改變的。不管妳和哪一個男性在一起生活，都需要去操縱他。但是，對一個毫無理由就指責抱怨你的男性，一定要堅持自己的原則，一旦妳放棄原則去取悅他，最後的結果只會讓他更加抱怨。

愛情的力量是偉大的，但它也是有限度的，也許妳能夠用愛情和鼓勵將一個平民變成王子，但是妳無法讓一個尋花問柳者老老實實待在家裡。所以我建議妳選擇品德高尚的男性，和那些正直而又和自己談得來的男性結婚。如果妳發現共同生活產生了很多問題，或者妳無法改變他的那些嚴重缺點時，就應當將自己對他人的要求降低一下標準。因為有些問題是不可能解決的，這一點妳必須承認。當然也有很多東西無法改變。沒有什麼人是絕對的壞，也不存在絕對的對與錯，只不過是彼此的想法和需求不同而導致的意見分歧。我們的最大遺憾就是，在結婚之前無法確定自己想得到怎樣的生活，無法看清將和自己生活一輩子的那個男性的真面目。

夫妻間的爭執往往是由於意見不同而引起的，不存在絕對正確和絕對錯誤。爭吵實在不會為你們帶來任何益處，只會影響你們的心臟和血壓增高。如果爭吵能夠帶來好處，那我們何不天天與人爭吵！爭吵會使我沒面子、使我魅力全無，所以我不能這麼做，別人也不能容忍我的爭吵。不論女性如何蠻不講理，丈夫都應該忍耐。有些夫妻之間很少是根本沒有爭吵過，因為有的丈夫天性隨和，善於忍讓和自我控制，比其他男性更容易相處，他們的妻子根本不存在爭吵的理由。

爭吵除了會損害身體健康，破壞家庭幸福，別無其他好處，所以應該盡量避免。那麼，如何做才能避免爭吵呢？有一條重要的原則是：「避開情緒惡劣的時間。」

當人們感到精神疲乏、充滿壓力的時候往往是衝突易發生的時候。比如，丈夫的工作不順心或者有其他的煩心事時，妳就會感覺到周圍的氣氛充滿了火藥味，十分壓抑緊張。此時你們還沒有開始吵架，但妳已經怒火中燒，戰爭馬上就要開始了。但是親愛的女士，妳無論如何不能這麼做。當妳想要發火時，應該思考一下會有什麼不良後果。也許妳可以發洩一下心中的怒氣，但妳很快會覺得自己犯了錯誤，後悔自己的行為，考慮是否應該道歉。不要懷疑，先發火的人都是這種反應。當妳不能控制情緒時，妳可以換一個環境，好讓自己冷靜的思考一下事情的緣由，不和丈夫待在一起，要麼就離開家。妳應當極力避免對自己造成傷害。出門的時候應對丈夫解釋，妳要出去冷靜思考，不要怒氣沖沖的奪門而出。過了一個小時，妳就會覺得好受多了。

當妳被那種令人窒息的氣氛所包圍時，請將注意力轉移到其他事情上，比如想想自己新買的時裝，或者什麼時候出去旅遊，直到妳的怒氣消失。

如果爭吵真的不能避免的話，有時候妳也可以利用其他的辦法來停止爭吵。妳說：「看見你穿著那件難看的羊毛衫我就不想出門，甚至去日本看櫻花都不願意去。」他說：「前段時間我們家裡特別安靜，是因為妳患了急性咽喉炎而不能開口說話！」真的很可笑，如果妳也有同樣的想法，「噗嗤」一笑，這樣一來，爭吵也可能很快就會結束。我的一位朋友曾經描述他和妻子的一場惡戰時的情形，他怒火沖天的對妻子說：「帶著妳的東西、拿著妳的衣服，趕緊在我面前消失。」當妻子鑽進衣櫥時，他卻將妻子反鎖在裡面，不讓她出來。於是兩個人都笑了，這場惡戰宣告結束。如果妳和丈夫都缺乏幽默感，在你們吵架時這種方法就用不上了。

夫妻吵架時還有一點必須注意的是，在語言措辭方面一定要謹慎。類似「你不懂！」、「你胡說！」這樣的話都不可以說，而應當說「我不贊同你的說法，我的想法就是這樣。」要記住，不管使用什麼語言吵架，都不能沒完沒了，長時間的爭吵只能更進一步的傷害夫妻之間的感情。有人說，吵架時家裡就會變成硝煙瀰漫的戰場，所以妳應當盡量避免爭吵升級。在爭吵的某一時間，妳要適時的用一句話來結束或一個動作來結束這種無聊的爭吵。

無論爭吵是誰引起的，在事情結束後，妳都應該主動的向丈夫道歉。當然在道歉之前，妳必須確定自己沒有任何過錯，但是妳肯定也有自己不對的一面，否則他不會這樣生氣，妳仍然可以堅持自己是對的，只要妳不說出來。然後妳就應該和丈夫討論一下如何避免吵架，向他表達一下妳並不希望以後再出現這種爭吵的誠心。

如果妳不幸慘遭失敗的婚姻，再婚的可能性很小，因為不可能有一大批好男人預備著讓妳挑選；更何況和妳同齡的男性，很少有人是單身。而妳的丈夫正好與妳相反，他再婚的可能性比妳大得多，可供他選擇的女性範圍很廣，他隨時都可以找到比妳更年輕、更漂亮、更溫柔的妻子。如果妳有這種想法，妳可能會控制自己的脾氣，不再向丈夫抱怨、叫嚷和指責。而是總會抱有感激的心對自己說，他很愛我，因為他沒有找別的女人。另外，床上是解決問題的好地方。妳不要認為勾引丈夫有點低三下四，只要他不再生氣，用什麼辦法就無關緊要了。

性愛是美滿婚姻的關鍵

幸福的婚姻離不開和諧的性生活，這一點在婚姻生活中是很重要的。每個人都具有懶惰的習氣，假如生活舒適，夫妻間的性愛就會變成例行公事，因此妳一定要創造新鮮感，保持性生活需要的精力和欲望。在夫妻之間，性愛活動的繼續與否取決於丈夫對性生活的興趣。

那麼究竟如何讓丈夫保持性生活的興趣呢？答案很簡單：只要你們的婚姻充滿活力，夫妻間的性生活就會得到延續。那麼，怎麼做能讓婚姻保持活力呢？我們知道，婚姻的大敵是枯燥單調，妳必須不斷的在外界事物中找到樂趣，當然不是要妳「走出廚房」，而是應該走出辦公室。回家後可以跟丈夫講講，那個傻瓜同事怎樣錯過了電話、會計怎樣馬虎……這些消息會讓你們開心，或許只有一、兩個小時，或許會讓你們一直開心下去。妳必須做到：把妳從生活中的每一個細節所發現的美都講給丈夫聽，讓他從中得到歡愉。

既然已經結婚了，那就不要像婚前一樣天真單純了。對女性來說，有變化是一件好事，而不是壞事。每過一年，妳都應該變得更美麗動人。妳可以換一個漂亮的髮型、積極鍛鍊身體，同時將指甲修剪整齊，必須堅持每天修飾自己。另外，如果妳在物質方面很富裕，妳就應該花錢購買漂亮的服裝打扮自己，漂亮的衣服只會為妳的婚姻帶來好處。男性在婚後是非常注重妻子的外表的。請妳仔細的觀察一下自己，是一個充滿活力和性感的女性，還是一個不加修飾、懶懶散散的女性？妳的身材需要保持嗎？妳是否牢騷滿腹、缺乏幽默？一個牢騷滿腹的抱怨生活的妻子，只會讓丈夫覺得討厭，從而扼殺了他們的性愛。

總能讓雙方感到快感的夫妻性生活確實是浪漫銷魂的。妳的丈夫非常了解讓妳達到高潮的辦法，是一言不發還是情話綿綿，是輕輕撫摸還是溫柔的拍打，還有合適的做愛時間、地點……妳也了解所有的一切，因此你們非常迷戀性愛，即使妳不需要它，它也不會離開。

滿足丈夫的性愛要求

無論妳有什麼藉口都不要拒絕丈夫的做愛要求。除非妳和躺在身邊的男人有了衝突，兩眼瞪著天花板同時恨得咬牙切齒。如果妳以各種理由拒絕了他，哪怕僅僅就一次，他也有可能生氣，從此不再主動和妳做愛。因為妳的拒絕傷害了他的自尊。如果有人對妳說「對不起，我頭痛」，妳就知道他在推辭。當然，也許妳從未碰到過。當丈夫有需要的時候，或許妳根本就沒有心情做愛，當然妳也不可能在這種情況下達到高潮，但是，這對妳也沒有什麼損失不是嗎？

這麼說可能有些過分，不過，假如妳對丈夫親熱友好，說不定自己也會感到快活。丈夫對妻子的愛在很大程度上表現為丈夫需要她的身體，妳的身體是妳最忠實的夥伴，因此妻子要讓丈夫永不停止的提出做愛要求。如果有一天他不再需要妳的身體了，也許就是他拋棄妳的前兆！一個成功的女性在生活中會碰到很多愉快的事情，在妳實現自我的過程中，丈夫是一個不可或缺的重要部分，妳願意成為他在性愛上能夠達到最佳狀態的夥伴。

妻子如何對待丈夫陽痿

一位著名的神經醫生經調查得出結論大約有百分之八十的男性在某個時期都會出現陽痿。當然女性不存在這個問題，雖然我們沒有熱情，但是仍然可以做愛。當他出現這種情況而極度痛苦的時候，作為妻子應該怎麼辦呢？首先要做到不給他任何壓力，但是，這也不是妳的毛病，因為高潮是不受人控制的。

在他的「非常時期」，妳要對他倍加關愛，絕不能流露出焦慮。不過妳可以和他討論這個問題，只要他願意的話，但是不要在這方面談論得過多，因為討論解決不了性愛問題，只有足夠的耐心和「實際工作」才能夠解決。但是一定要注意，和他討論這個話題的地點永遠都不能選擇在床上。

在他心情好的情況下，妳可以和他談談其他方面的問題，因為引起陽痿的原因常常與別的問題有關，當這些問題解決以後，陽痿的情況就會不治而癒了。當然，在這段時期最好不要表露出自己的性感，這只會讓他更加緊張。在偶然的一天，他並沒有刻意努力勃起，而妳表現了性欲衝動，說不定就解決了他的問題。如果他的這種情況長時間的不能治癒，那你們就應該馬上請專家治療。

分享他的嗜好

共享可以使人與人之間的關係更親密，夫妻之間更應如此。分享我們所愛的人的特殊嗜好和娛樂，這是在人際關係之中獲得幸福的最主要方式之一。經專家研究顯示，婚姻成功的主要因素就是夫唱婦隨。

那麼夫唱婦隨的基本因素是什麼？共同的朋友、共同的嗜好和共同的理想，這些東西能夠把人們結合在一起。

這個道理由亞瑟．摩雷和他的妻子凱思琳的例子來證明。他們很有可能是有史以來教過最多學生跳舞的老師。摩雷夫婦已經結婚二十八年了，他們始終在一起工作。我問凱思琳．摩雷：「你們無論是工作還是生活都在一塊，會不會感到這是一種單調重複的生活方式呢？難道你們不覺得，要把你們的事業生活與作為丈夫和妻子的私人生活分開，是一件相當困難的事情嗎？」

「並不是妳想的那樣，」摩雷夫人說，「只要我盡一點小小的額外努力就行了。我想辦法裝扮得吸引人，為的就是讓我的丈夫時刻注意到我的良好形象。但是，更重要的是，我們共享著簡單的嗜好。我們都喜歡游泳和打網球。只要時間上允許，我們就一起去享受這些活動。上個禮拜我們就到百慕達去做了個短暫的旅行，共享我們的樂趣，使我們在不同的基礎上也能相處在一起，這使我們的生活變得更加多姿多采。」

的確，把時間都用在工作上，會使婚姻變得淡然無味。妻子如果學會分享一些丈夫喜愛的消遣，就可以增強她想要「夫唱婦隨」的願望。

「在成功的婚姻生活裡，」哈里．C．史坦梅茲在臨床心理學雜誌中寫道，「對於對方嗜好的適應能力，比那些本來就相同的嗜好和習慣，是更加重要的。」

古代的尼羅河豔后克麗奧佩脫拉（Cleopatra），精通很多支配他人的方法，特別當對象是男人的時候，但是她從沒有學過臨床心理學。布魯塔克告訴我，克麗奧佩脫拉的美麗並非很特殊——但是她和別人共享快樂和特殊嗜好的能力，比起她美麗的外表來說更能使她所向無敵。

她通曉她所有附庸國的方言。當這些附庸國的使節前來朝貢的時候，在沒有翻譯人員的幫助下，她能夠很流暢的和使節交流，因此便贏得了他們的熱心支持。

為了趕上馬克．安東尼（Mark Antony）的步伐，克麗奧佩脫拉總是放棄自己的愛好和安排。馬克．安東尼喜歡釣魚，她就跟安東尼一起去釣魚。有一次，安東尼好長時間都沒有釣到一條魚，她就叫個奴隸潛到水底，把一條大魚掛在他的魚鉤上。有時候克麗奧佩脫拉為了讓安東尼開心，就化裝成平民，於是這一對皇親貴族就跑到亞歷山大城內的貧民區和下級賭場去狂歡一番。對於克麗奧來說，馬克．安東尼所喜歡做的每一件事，也都是她非常喜歡的。

然而，如今社會中，又有誰願意穿上長統靴和粗布衣，不怕淋溼、骯髒和寒冷，陪伴自己的丈夫去釣魚呢？當一些人抱怨丈夫整天去打高爾夫球，而沒有時間陪她們的時候。其實，她們早就應該去學學我的朋友弗露蓮絲．桑梅克的做法。

已故的里昂．桑梅克是個著名的工程師。紐約城的許多大馬路和大橋都是由他建造的。他還是一個傑出的業餘運動員——好幾屆奧運擊劍代表團的團員，以及高爾夫球賽冠軍。他的妻子弗露蓮絲嫁給他的時候，對於這些業餘的運動十分陌生。但她後來不僅學會了打高爾夫球，而且還三次獲得全國女子擊劍比賽的冠軍；又數次被選為奧運代表。而如果她不是常常鞭策自己，使自己與丈夫保持同步，可能她的丈夫就必須放棄生活中一部分有價值的東西，或是她只好在丈夫追求喜好的運動的時候獨自過著寂寞難耐的時光。

著名的冒險小說作家艾德加．華拉斯工作極其繁重。賽馬是他最喜愛的消遣。華拉斯太太對這種貴族式的運動沒有什麼特殊的興趣，但是她想讓丈夫在繁忙的工作中有個輕鬆愉快的鬆弛機會。所以她每次都陪著丈夫去看賽馬，並且和他一起欣賞那些名駒，促使他

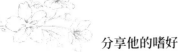

有興趣花費更多的時間在消遣上，從而緩解一下因工作而帶來的過度疲勞。

妳的丈夫在休閒娛樂的時候妳在做什麼呢？妳的丈夫會在別的地方去玩樂，而留下妳單獨一個人嗎？如果是這樣，也許他是一個無可救藥的自私自利的人；也許是因為妳沒能克服麻煩去努力學習，和他一起參加到娛樂的活動之中。

法蘭西斯．休特太太剛結婚的那段日子就過得很不愉快，因為她的丈夫在休閒的時候總和那些男性朋友們去玩。休特太太盼望她的先生能夠時常留在家裡，但是她並沒有對他嘮叨、哭泣、控訴他忽視自己，或是跑回娘家去。相反的，她開始在家裡為丈夫準備他所喜歡的這些娛樂。

休特先生很喜歡下西洋棋，而且具有專業的水準。所以休特夫人就纏著丈夫教她下棋，這樣不僅把丈夫留在了家中，而且她自己還變成了一個下棋高手。休特先生喜歡與人交流和參加舞會，於是休特夫人就努力把他們的家變得舒適和非常誘人，她的丈夫就很自豪的把朋友帶回家，不再整天跑到外面去了。

休特太太的這種作法是多麼有效啊。休特夫婦已經結婚四十年了。自從那些日子以後，休特先生就不再認為必須離開家到外面去玩了。實際上，休特太太還說，現在她想要拉他先生出去還有一些困難呢。休特太太後來告訴我說：「我覺得妻子的本職工作就是能夠讓自己的丈夫快樂。」

休特太太精通了做好伴侶的方法。讓我們也來一起分享自己丈夫的嗜好吧，妳準備好了嗎？

讓他單獨享受一種嗜好

和丈夫共享他的嗜好，是使他快樂的方法之一。但是，讓他有一些完全屬於自己的特殊嗜好和興趣，也是很重要的。

「沒有一段婚姻能夠得到幸福，」安德瑞．摩里斯在《婚姻的藝術》裡說，「除非夫婦之間能夠相互尊重對方的嗜好。更深一層說，如果希望兩個人有相同的思想，相同的意見和相同的願望，這是很可笑的想法。這種事情是不可能的，也是不受歡迎的。」

所以妻子們應該讓丈夫有個私人的天地去做他的工作，譬如集郵，或是其他任何喜愛的事情。在妳看起來，他的嗜好也許傻裡傻氣，但是妳千萬不可嫉妒他，或是因為妳不能領會這些事情的迷人之處妳就厭惡它。妳應該遷就他。

寫威爾．羅傑斯（Will Rogers）傳記的荷馬．克洛伊，當他在寫威爾的電影劇本的時候，經常住在加州聖塔莫尼卡的羅傑斯的農場裡。有一次威爾．羅傑斯突然想要一把大刀——一種外形醜陋、殺傷力很強的南美大刀。

羅傑斯太太不了解丈夫為什麼要這件東西，她的第一個反應是想勸他不要去買。如果他有了這麼一把大刀，他到底想要拿來做什麼呢？可能只是拿來看一、兩眼就把它擱到一邊忘了吧。

想了一會以後，羅傑斯太太決定遷就威爾。於是，她走了一段很遠的路來到城裡，親自為他買回這把大刀。這使得威爾高興得就像是要過聖誕節的小孩子。

在威爾心愛的牧場裡，有一片地方長滿了多刺的矮樹叢。他經常帶著這把大刀在這個矮樹叢砍伐幾個小時，清理出可供馬匹和行人通過的小路。每當他有了難以解決的問題，他就會提著他的大刀，獨自走出去，像瘋子那樣在那裡大砍特砍，完全而徹底的自我消遣。一段時間以後，他全身流著大汗回家了，而他的困難也解決了。他的牧場變得更漂亮了。

他時常說，那把大刀是他曾經收到的最好的禮物之一。羅傑斯太太想起她那時能夠遷就於本來認為相當可笑的要求，總是感到非常高興。

妳能不能想出另一種活動，比威爾．羅傑斯拿著那把大刀在牧場工作，更加健康、更能發洩緊張？那就是一種嗜好所帶給男人的好處了：讓他能夠精神爽快，冷靜而熱心的回到自己的工作上。

養成一些工作以外的嗜好，不僅能使男人得到好處，通常妻子也可以因而獲得助益。詹姆士．哈里斯是一家大石油公司的地區審計員。他喜歡在休閒時裝飾室內和修理家具。當然，他的妻子非常欣賞他漂亮的手藝，由於詹姆士這種有益的嗜好，他們家顯得非常吸引人。

他還有另外一種嗜好，給了每個人許多樂趣：他教馬克表演把戲，馬克是他們家那頭黑色的蘇格蘭種小獵狗。當然，馬克是業餘演員——牠很愛登臺表演。牠最拿手的絕招是彈鋼琴，開始的時候用前腿彈，然後用後腿彈——有時候還用四條腿一起彈。

妻子如果能夠鼓勵丈夫培養一種有趣的嗜好，就不必擔心他去追求別的女人了。只有那些在生活裡感到厭倦的丈夫，才會掉進女狐狸的陷阱裡。

專業心理學家警告妻子們一種危險的訊號：當一個男人開始對他的嗜好和消遣比本來職業更加熱心的時候，妳就應該特別注意了。這表示有些事情不對勁了。他正在利用他的嗜好來逃避工作，想必有什麼原因使他不再對工作感興趣。如果這種情況發生了，要想辦法幫助他分析他的情形，找出發生毛病的地方。嗜好的真正價值，是改變繁忙的工作步伐，舒緩緊張的心情。我們應該利用嗜好恢復對於工作的興趣，而不是拿來代替工作。

依照自然的天性創造出來的嗜好，還有著很大的治療價值。艾力克．G．克拉克夫婦的經驗就是一個相當戲劇化的例子：第二次世界大戰期間，他們曾經被關在日本俘虜營裡面。克拉克先生是中國上海股票交易所的職員，他和他的妻子露絲，於一九四一年在中國華南地區被捕。他們在那裡和另外一千八百七十四名英籍和美籍俘虜過了三十個月困苦、飢餓和難受的生活。在《基督科學箴言報》的訪問中，克拉克先生說：

「那段經歷告訴我們，雖然一個人能夠被剝奪家庭、財產，甚至是他的特長，但是，如果他已經對無法毀滅的東西建立起興致和修養，他的精神就不會被破壞了。當然，我指的是依照天性創造的嗜好。一個人對於音樂和文學的愛好，或是其他人的努力成果，都是不可能被剝奪的。」

克拉克夫人是中國玉石和紡織方面的權威。她向俘虜營的朋友講授這些知識，使他們在聽她對於藝術寶藏的精彩描述時，忘記了自己所處的悲慘環境。

克拉克先生的嗜好是聖樂。他在戰爭以前曾經組織上海聖樂合唱團。現在，他在俘虜營裡推廣唱詩班。克拉克夫人想法子在她被准許帶進俘虜營的一些東西裡，放入了許多樂譜。所以俘虜營裡的合唱團在克拉克先生的指揮下，從聖誕頌歌到吉伯特與蘇利文（Gilbert and Sullivan）的輕歌劇，他們每一種歌都能唱了。

有了這些經驗，克拉克先生就可以很權威的講出嗜好的價值了。「我願意鼓勵每一位勇士和女士，」他勸告說，「培養出一種消遣嗜好。在沒事可做的退休狀態下，嗜好可以帶來許多幸福，不管這個退休狀態是自願的或是被強迫的。」

為什麼不鼓勵妳的丈夫聽從克拉克先生的勸告，在某些有價值的嗜好裡培養出一種興趣呢？丈夫有了特殊的嗜好以後，妻子還必須給他另外一個寶貴的好處：有些時候要讓丈夫獨自去做他喜愛的事，使他覺得有了真正屬於自己的東西。這種情形的確對於每一個人都很有好處。

有個非常標準的光棍告訴過我，如果他能夠找到一個女人，願意陪伴著他，而且在他希望單獨自處的時候，能夠尊重他的這種基本的男性願望，讓他獨自去做自己喜歡的事，那麼他就會馬上和這個女人結婚。

家庭主婦都有許多單獨自處的時間，所以通常她們無法了解這種奇怪的男性願望。一個被「撇下不管」的男人，並不意味著真正的寂寞，這只是說，他們從女性的需求和拘束之中獲得了自由，至少也享受到了自由獨立的幻想。

有些丈夫在某個晚上離開家裡出去打打保齡球，或是和一群男孩子玩紙牌，他們就可以因而獲得這種自由獨立的感覺了。有些人則是去釣魚。還有人把自己關在車庫裡，把車子仔仔細細的檢修一番，或是讀一本偵探小說。不管丈夫把這些快樂的自由時間做了什麼特別的安排，妻子如果能夠盡心促成這些事情，那就是最聰明的女人了。

毫無疑問，丈夫時常需要從捆在他脖子上的皮帶裡掙脫出來。如果妻子們能夠幫助和鼓勵他們，去培養一些有趣的休閒嗜好，並且給他們合理的機會享受完全的自由，那麼就是在做一些使他們快樂的事了。一個快樂幸福的男人，一定會比一個怕太太、受騷擾遭遇挫折的男人工作得更好，而且更有希望得到成功。

培養屬於自己的嗜好

作為妻子，妳要培養屬於自己的嗜好，這是作為好伴侶的又一個方法。

使我們感到疲倦的並不是繁重的工作，而是無聊和單調。許多人在遊玩的時候，玩得和賺錢同樣的賣力。這就是因為適當的放鬆自己，可以消除疲倦的心情。如果一個男人在工作勞累之餘，花費幾分鐘時間去做他感興趣的事，然後再回到工作上，這時候就會提高工作效率；同理，妻子如果能夠參加一些家庭以外的活動，她就可以用更好的心情更快的速度來完成她的家務。

家庭主婦往往需要面對許多獨處的時間，如果能夠利用休閒時間去和別人溝通、交流，那麼妳就會認為生活還是充實的，它並沒妳想像的那麼糟。參加消費者講習會或是服飾介紹會，每星期到慈善機構工作幾個小時——像這樣的計畫，可以給女士們一些新的觀念，而且能使她們增加見聞。

華爾特．G．芬克伯納太太發覺她對於照顧小孩很有天賦，所以她就利用很多閒餘的時間到聖魯克日間部學校教幼兒園班。

「這個工作對我很有益處，」芬克伯納夫人寫道，「我以前總是把時間浪費在沒完沒了的家庭瑣事上。現在我的目光不再短淺了。早上我提早一個小時起來料理家務，然後才駕車送孩子們上學。接著我再到自己的學校去。

我是幼童軍的保姆。星期三的晚上，我和丈夫在一起打保齡球。星期四晚上空下來參加我們教堂的一個討論會。這個討論會在心理上和精神上給了我許多益處。再加上每星期三天的教課，我的日程表就排滿了，感覺日子過得非常充實。

我從事的這些非家庭內的工作最大的收穫，就是為我們家人的晚餐增加了不少樂趣。

晚餐時間是我們全家人在一整天之中全在場的唯一時刻，在這個時候我們常說一些有趣的話題，我把從我的工作中得到的樂趣說出來，使我更有精神和更加愉快。我曾經讀過描述一個精神病患者的文章。他小的時候，由於父母時常把餐桌當作戰場，這樣對他以後的成長造成了不良的影響。在我們家裡有個小小的規矩，吃飯的時候只能談那些愉快的話題。晚餐就是一個綜合匯報時間，每個人都會把一天所見到的趣事說出來供大家一起分享。我這個具有創造性的休閒時間的工作計畫，也給了我一些有趣的事情來和大家一起分享。

這些工作也教會了我正確的價值觀念。我不再在意從前煩擾著我的小事情，而把精力集中在較大、較重要的事情上，我總是在努力把我們的家變成一個和平與愛的天堂，而且使我們每個人都感受到舒適和愉快。」

透過芬克伯納夫人的例子，妳明白培養屬於自己的嗜好的重要性了吧。

至於哪一種興趣或嗜好可以帶給妳好處，這就要看妳有什麼特殊的天分或愛好了。仔細想想，有什麼東西是妳一直想要享有或是想要做的。留心妳周圍的社會，妳將會驚訝的發現許多很有價值的（而且是不貴的）活動，即使是很小的鄉鎮也都會有。如果妳找不到妳所想要的東西，不妨辛苦一些，把與妳有相同願望的人組織起來。

就我個人來說，我從定期參加紐約城莎士比亞俱樂部的活動中得到許多樂趣和輕鬆。

我不僅從中學習並發現了很多我喜歡的研究性題目，而且使我除了跟丈夫談論牛排的價格以外，也有了一些新話題。

比如說我丈夫喜歡研究亞伯拉罕．林肯（Abraham Lincoln）的一生，我則對莎士比亞（Shakespeare）的人生經歷感興趣。我們相互學習，對於對方心目中的英雄人物就有許多的了解。我們有許多討論的機會，有時候引起爭執，但也從中得到許多樂趣。我想如果我們的嗜好完全相同，那麼就得不到這麼多知識和樂趣了。由於各有不同的嗜好，我們更互相拓寬了對方的眼界，帶給對方更多的有益東西。

《婚姻指導》的作者沙慕爾和艾瑟．克林在該書中闡述過這樣一個觀點：「結婚後的夫婦過著特別親近的生活，他們每時每刻都在一起，時間長了就會感到沒有新鮮感了。培養不同的興趣和嗜好可以經常為生活帶來一些變化，幫助他們保持婚姻的新鮮和活力。」

這段話總結了我在該篇所要表達的意思。如果妳想讓婚姻保鮮，那妳就找找看妳有什麼嗜好吧。培養屬於自己的嗜好然後努力成為妳丈夫的最好伴侶吧。

第四章 妳該怎麼辦

快快樂樂的搬家

人們經常會看到這種情況：丈夫透過努力奮鬥，終於贏得了升遷機會，可是，這時候卻遭到妻子的反對，因為她們不願意離開所熟悉的環境，她們總想將自己的丈夫束縛在一個固定的地方工作。其實，我們不難覺得，這些「不懂事」的妻子真的是丈夫成功道路上的一大障礙。

某公司的總經理告訴我，曾經有一個很有前途的年輕職員，由於他的妻子不願意搬離城裡，所以他只好痛心的放棄了他努力了很久才爭取到的晉升機會。他的妻子捨不得離開自己的父母親、老朋友和她心愛的漂亮客廳。

當人們從一個已經很適應的環境遷移到另一個陌生的地方，的確是一件很麻煩和不情願的事，更別說是一個大家庭，這需要有很好的婚姻基礎才能適應這種改變。二戰期間，有許多在戰爭中結合的婚姻，都無法適應從一個軍營不停的遷移到另一個軍營的勞累。

但如果有一個體貼並有適應能力的妻子，就能夠輕易的克服這些障礙。維吉尼亞州諾福克市的雷倫德．克西納太太就是一個這樣的標準好妻子。在《婦女世界》刊登的文章裡，克西納太太寫道：「兩年前，我的丈夫要到海軍去服役。離開我們最近布置好的家，帶著孩子跑遍全國各地。未來的兩年看起來像個又龐大、又浪費時間的空白。當我遷移到我們的第一個駐地的時候，我都不敢想像以後的日子我會過得多麼的傷心。

而如今我們已搬過好幾次家，我不禁為以前的想法感到可笑。我丈夫馬上就要退伍，我們正計劃要永久的定居下來，這是我們長期以來的願望。雖然我對於未來的日子感到特別激動，但是我承認當我要告別這種生活方式的時候，我還真捨不得。過去的兩年，我感到很快樂，因為我已經學會了解和生活在許多不同類型的人群之中。我還學會了容忍和了解那些思想與行為和我不同的人。當某些我所盼望已久的事情終究未能實現的時候，我也學會了忽視日常生活裡的那些小小的麻煩。我更加深切的意識到，一大堆器具用品並不能營造一個快樂的家庭，更主要的是，你自己要意識到愛心、諒解和溫暖，而且在任何情況之下都要盡自己最大的力量去努力。」

如果妳也面臨著類似情況的「搬家」困擾，希望妳記住以下四個建議：

不要寄望新環境和舊環境一樣

不同的環境需要妳用不同的態度去面對。如果妳丈夫原來的職位好像比新職位更有地位的話，妳也不必失望。新的工作可能會有更多的發展機會。

培養新的生活習慣，永保積極樂觀

依據環境的不同，習慣也應該有所改變，試試自己的膽識，也許會得到意外的驚喜。有一段時間，我丈夫到懷俄明大學暑期班去授課。那時候找房子很困難，我們只能住在專門提供給結婚的退伍軍人和他們的家眷居住的一間簡陋的房子裡。我承認我那時對我們的住處，真的是很不滿意。

但是後來情況就發生變化了，現在回想起來，住在那裡的情境已經成為我生命中最豐富、最值得紀念的經驗之一。房子很容易清理，而且我們的鄰居都很好相處。那些年輕的男人和女人去學校上課，養育自己的小孩，並且愉快的把他們不夠富裕的生活用品做了最大程度的發揮。我開始為我起初的嫌惡感到非常慚愧。

那段時間，我們結識了許多好友，而且也使我懂得了一個道理，成功和幸福與家庭的生活水準並沒有多大的關係，只要生活過得去就可以了。

到妳必須遷居的新環境裡住住看，然後再對它下結論

一位女士和她的丈夫一起遷移到一個小工業城去。這是她丈夫期待已久的升遷。而她在這個新環境裡只待了二十四個小時，便收拾行李回到他們原來的家裡。她丈夫全部的薪

水剛好只夠多請一名女傭，最後她先生只好申請重新調回原來的工作。這都是因為他的太太不願意好好的嘗試他先生調職後的新生活。

不要捨不得過去的事情，要盡量利用新機會

如果妳已經決定遷移到一個新地方，並打算在那裡居住下來，那麼就必須下更大的工夫去和那些這個環境裡值得來往的人打成一片。與其抱怨妳所不喜歡的事情，倒不如趕快設法改變它們。如果妳改變不了，也不要勉強自己。在這個世界上，本來就找不到一個完全盡如人意的地方。

羅伯特．瓦特森夫人的丈夫是卡特爾石油公司的地球物理專家，由於工作的需求，他們到處搬家，至今他們已經住過世界的每一個角落。瓦特森夫婦和他們的四個小孩曾住在世界上最荒涼、遙遠的地區，但是他們卻能過得非常舒服和快樂。他們的家庭是那麼的幸福和和諧。

瓦特森太太認為，家庭是心靈和精神的休憩所。「調職的命令一下來，我就可以馬上整好全家的行裝準備出發，」她說，「我認為，這世界上的任何一個地方都可供我們學習、享受和成長——只要你用心去發現和學習。」

「例如，當我們住在巴哈馬群島的時候，有一個聞名的潛水比賽冠軍正在那裡教授潛水。於是我們家美人魚蘇西抓住了這個大好機會，她可以從專家那裡得到傳授了。」

「結果，蘇西學得很好，並在潛水比賽中獲獎。如果我們住到別的地方，也許她就不會有這個好機會了。有一次我聽到一位總經理提起，」瓦特森太太接著說，「他的公司必須選出幾位職員到國外去服務，但最主要的是他們的太太能夠適應才行。這裡所說的『適應』應該是指在那個陌生的地區，利用最佳的機會大量的獲取新的東西，而不要整天抱怨這裡如何的不好。」尤其在其他地方的人面前誇耀自己的家與抱怨這個地區的不如意，只能使妳顯得沒有教養，別無其他。

所以，如果妳丈夫的工作需要妳和他一起搬來搬去，那麼妳就應該記住上面的建議，從而愉快的跟著他跑。

不要被丈夫遺落在背後

海因斯夫人說，十四年前，他們結婚的時候因為她的膽怯而受到過許多限制。按她自己的說法是，「我很害怕和陌生人接觸，我很害怕站在人群裡參加公開的宴會。我非常的害羞。」

海因斯先生是個在當地政治圈裡非常活躍很有前途的律師。他需要和人們會面，參加會議、集會，以及社交活動和娛樂節目。而他的新娘雪莉．海因斯卻對這樣場面非常的不適應。她怎樣才能克服對人們的害怕、羞怯而適應她丈夫地位的需求呢？

她決定克服這個困難，但是她不知道怎麼做。直到有一天，她在雜誌上看到了這些話：「人類對於他們自己是最感興趣的了。因此，你在和別人說話的時候，最好把注意力全都集中在對方身上。要他談他自己，他的困擾，他的成功。把你的注意力集中在他身上，你就會忘記自己的存在。」雪莉．海因斯從這些話中產生了很多感悟，於是她決定用這個方法去改變自己。

「漸漸的，」她接著說，「我不再害怕和陌生人接觸了。我發覺他們也都有著自己的困惑和煩惱。當我更加了解他們以後，我就開始喜歡他們了。現在，我很希望結交新朋友，我和他們相處得很愉快。我喜歡在朋友家裡玩，也很喜歡和我的丈夫到別的地方去，他現在已經是州參議員了。

「其實，令我最高興的是我再也不會因為自己不能負起在社交場合中的責任，而使他無法成功。」

時刻訓練自己，掌握高超的社交能力，這是每一位妻子的責任。無論丈夫的職業是什麼，妻子如果有能力和旁人親切相處，並且對社交有足夠的適應力，她就可以使丈夫成功的機會大大增加。

如果妻子本來就很善於社交，那當然是最好不過了。如果不是，她就必須學會這些能力，就像海因斯太太那樣。

美國某州的州長在講述他成功的經歷時曾提到過他成功的很大一部分原因，是娶了個機智、有教養和迷人的妻子。他出生於「遠在天邊的海外」，在一個大城市窮困的移民區裡長大。

「如果我沒有遇到我的妻子，我根本就想不到我會在這個世界上出人頭地。我的妻子，感謝上帝，她有著我所缺乏的每一件東西。不管我的工作是需要周旋在皇親貴族之間，或者是要到受著不平等待遇的人群裡，任何一種情況她都可以適應。」

不要總說丈夫目前從事的工作不需要我幫什麼忙。工商界以及其他領域未來的領導人物，眼前也都是毫無名氣、無人知曉的年輕人而已。沒有人一開始就站在最高峰。在十年、二十年後，妳的丈夫或許已經是個頂尖人物了，那麼妳現在不該為以後做準備嗎？

現在就開始吧，如果妳覺得羞怯，像雪莉．海因斯那樣，馬上準備消除這些羞怯吧。

如果妳有點笨拙或是不夠機智，妳就應該學會喜愛、尊敬和欣賞別人。如果妳覺得沒有太多的知識，就可以到夜校上課，如果妳付不起學費，那麼，趕快到最近的一家公共圖書館去從書中汲取知識。

被丈夫遺落在身後的妻子，並不是一個值得同情的人。這種人通常是太懶惰了，或是不肯用心的利用圍繞在周圍的無窮機會來改進自己。

美國電影協會會長艾利克．喬斯頓的夫人曾說過「跟上丈夫在事業上隨時改變的步伐，是婚姻幸福的真正關鍵」。喬斯頓夫人勸告那些不想被丈夫遺落在背後的妻子們，要參加社交活動以便拓寬自己的交友範圍，而不要局限在一個小圈子裡。「也許妳覺得，目前妳的丈夫並沒有需要妳隨時趕上他的社交性的事業。在事業剛起步的時候，艾利克也沒有這種事業。當我們訂婚的時候，他正挨家挨戶的推銷吸塵器。那時候誰也不能確定他將會闖出什麼樣的路來。我所知道的只是，無論如何他將會成名。」

沒有人能夠預測未來。但是聰明的人會準備好等待機會的來臨。在丈夫需要妳的幫助之前，妳為之做準備的最基本方法就是學習結交益友並與他們相處融洽。這是一種永遠可以幫助妳丈夫的能力，不管他的職業或社會地位是什麼。如果他自己在待人接物方面有所欠缺，那麼他善於社交的妻子，將可以幫他彌補粗心的過錯；如果他在自己的人際圈裡已經做到八面玲瓏，有時仍需要妻子的幫助，以免他有時顯得太荒謬可笑。

我曾經有幸和美國最大公司之一的人事主任有過一次愉快的交談。他告訴我，他往往會因為忙碌而忽略別人的感覺。「但是我的妻子，永遠不會因為太忙而忘了要對我好。」他很驕傲的告訴我。「前些日子，我親自去洗衣店向老闆吼叫，希望我的衣服要這麼這麼個洗法，而不准有些微偏差。他蹙著眉看了我一會，然後才回答道：『如果是你的太太來，我總是覺得好過一些。』」這位主任繼續說，「比起我來，每個人都更喜歡我的太太，她既有愛心又很和善。她善於交際的能力是我所達不到的。當我們走過鄰居荷蘭人所開的店鋪時，我的妻子就用荷蘭語和他打招呼。在另一處，她用義大利語向那賣水果的男人道早安。當然他們都不理會我，我也能理解，畢竟不怕麻煩的學會了他們的話去和他們打招呼的，是我太太，而不是我啊。而且我太太的付出也得到了回報。」

雖然我不認識這位女士，但是包括我在內的讀者朋友，你們誰不想和她說話聊天？

整天工作而忙碌的男人，常常因為太專心於工作，而沒有辦法建立增進生活情趣的、溫馨的人際關係。如果他的妻子，無論走到哪裡都能夠營造出一種溫暖人心的氣氛，那麼他將是多麼的幸運。這樣溫柔體貼又精明能幹的女人怎麼可能會被丈夫遺落在身後呢？她是她的丈夫選派到世界各地去的親善大使！

有許多簡單的方法，可以使一個親切的女人帶給她丈夫良好的社會基礎。但是這個能力妳需要經常練習。漢斯．V．卡夫柏夫人，她的丈夫是美國新聞廣播人協會的會長，她在幫助丈夫方面真是機靈至極。據說她號稱「打岔專家」了，因為她有個第六感，知道何時、何地及如何打岔。當我訪問她的時候，她告訴我，如果晚宴裡的話題拐錯了方向，她就會捕捉一個適當的時機說道，「親愛的，你今天有什麼開心的事情嗎？何不跟我說說，我也好想聽。」這很自然也把不太愉快的話題轉移開了。

她總是幫丈夫擺脫一些不必要的麻煩，使他免於過分的勞累。在她先生演講結束以後，許多人都想和他握手，並且總是要和他站在那裡談上半天，那樣他會很累的。卡夫柏夫人會在適當的時機把話題轉移，比如：他們的車子正在外頭等著，或是他們要趕另一個約會了。

在一次演講時，卡夫柏先生被聽眾的許多問題包圍。卡夫柏夫人知道如果演講一直這樣持續下去，她的先生將會累慘了。她站起來說道：「對不起，我也有個問題要問。」然後她接著說，「卡夫柏太太想要知道，卡夫柏先生什麼時候可以回家裡吃中飯。」聽眾都一致附和她了。於是，卡夫柏先生得以回家吃中飯。

當然，還有一個重要的辦法，可以使妻子造就出一個成功的丈夫，或者是造就出一個令她滿意的成功的丈夫。但是，首先需要雙方擁有足夠的愛心、敏銳及合適的時機。這個辦法需要靈巧運用，否則就可能會帶來相反的後果。這就是：妻子要防止丈夫對於成功自滿。

前面我們講過許多建立男人進取心的方法。但是每一個女人也都知道，有時候男人也需要被洩洩氣，才能保持他的衝動，而不至於變成一個驕傲自大的人。能夠成功的做到這一點的女人是偉大的。迪斯雷利曾提到過他的太太是他最嚴厲的批評者，但是，她也因此而得到丈夫的讚美。她使得自己的丈夫永遠能夠腳踏實地的進行寫作。

還有一位成功人士，也告訴我他太太在適當的時間所給他的和氣的指責，這對他的成功有著最重大的貢獻。他就是著名的作家、大學講師及卸任編輯雷曼·畢切·史托。

史托先生說道：「當我起初到大學授課的時候，非常幸運，我的學生都很喜歡我。當他們在課後圍在我的身旁，誇耀我是如何如何優秀的時候，我內心很快滋生出驕傲的情緒。那時候我對於自己的講授真的陶醉了。我迫不及待的想要回家去告訴我的太太希爾達，讓她知道她嫁了一個多麼偉大的天才。

當我剛開始從事某個行業的時候，希爾達總會幫助我建立自信心。所以當她對我這些得意的情況反應不夠熱烈的時候，我相當奇怪。『親愛的，你獲得這樣好的成績，我真為你感到高興，』她這麼說。『但千萬不可被奉承沖昏了頭腦。除非你以後仍然努力用心保持你的水準，否則這些稱讚終將變成嘲笑。』

我記得，有一次在某個大廈的奠基典禮上，我在眾人面前進行了一次精彩的演講。我覺得這次演講把我的優點淋漓盡致的表現出來了，我認為自己是自從威廉．傑林斯．布里昂以來最偉大的演說家，於是我就飄飄然的回家。我把這次的成功說給希爾達聽，並且向她描述聽眾是如何的欣賞和稱讚我的演講。然後我坐下來等待希爾達的讚美。她對我微笑著說道：『雷曼，你表現得真的好極了，但是那些出資蓋大廈的人又怎樣呢？我覺得他們似乎更值得被稱讚。你的演講只不過是在對他們表示敬意而已。』

我很感謝她的和氣的指責。我的驕傲就如同肥皂泡那樣在瞬間破裂掉了。我發覺我差一點就變成一個自私自利、狂妄自負的小丑了。真要感謝我太太的愛心和敏感，我開始在成功面前學會了謙虛和謹慎。」

上面我們所提到的這些女士，都知道如何和她們的丈夫一起生活，並且能夠替她們的丈夫增光。她們盡自己最大的努力到處贏得友誼，在任何一種社交場合都能勝任，而且使自己的丈夫腳踏實地，不會憑空自滿。

女士們，再努力些，妳如果能夠做到這些，就不必再擔憂「被丈夫遺落在身後」了。

做個好妻子是一生的職業

現代女性可以普遍的稱為職業女性，她們除了家庭外都有自己的工作，那麼，如果放棄自己的工作可以更好的幫助丈夫成功，妳是否願意呢？為了幫助丈夫獲得成功，做妻子的需要付出很多努力，妳必須有這樣一個想法，幫助丈夫是一件非常重要的事情，我願意付出所有的精力。否則，妳就根本無法做到幫助丈夫。我們一起來聽一下下面這個真實的故事：

著名的探險家卡衛斯．威爾士的太太，她在認識自己的丈夫之前擁有一份滿意的工作，而且她認為這份工作對她很重要，直到後來發生的一件事改變了她的想法。

珍妮是一個廣播演講的經紀人，她十分熱愛自己的工作，並且從中受益匪淺。因為工作的關係，她認識了卡衛斯．威爾士。他們深深相愛，並很快在三月份舉行了婚禮。而到六月時，他們就面臨著分別，因為卡衛斯．威爾士要動身前往位於俄羅斯和土耳其的亞拉拉特山。

本來，珍妮已經決定留在家裡，繼續從事她喜愛的自由獨立的工作。但是當時間越來越臨近六月時，她竟然不能獨自留下來，她決定和丈夫一同出發去探險。她說：「只有一次，下不為例。」這次探險可以說是一個充滿艱難的惡夢，但同時也促使卡衛斯寫出了那本暢銷全國的《卡普特》。

這次探險回來之後，珍妮又回到了工作上，但是她突然發現現在的工作對她來說既無聊又乏味。畢竟，她已經和卡衛斯一起經歷過出生入死。一年半以後，她又隨同卡衛斯前往墨西哥的一座山脈。這次考驗相比於上次來說更加嚴酷。大部分的時間珍妮都在忍受寒冷、飢餓，在莫名的驚嚇中常常感到疲憊。但是，她始終有著興奮感。

經過這次探險，珍妮再也沒有想著要把一部分精力投入到自己的職業上去了。她深切的了解到，自己在工作上得到的所有成功都抵不上卡衛斯．威爾士太太的身分。當他們平安的從墨西哥歸來，珍妮就關閉了自己的工作室。現在，她擁有了充足的時間，可以隨時跟著丈夫到達地球的最末端，當然，這也是她最喜歡做的事。他們的足跡遍布了世界，他們的生活充實而又豐富。

珍妮．威爾士說：「我為我以前的幼稚想法感到羞愧，我以前總認為擁有自己的事業是最重要的。我從前的生活多麼無味，簡直不能和我們共享的這些豐富經驗相提並論。我很高興，自己能擁有和他同樣的興趣，我們同甘共苦。對我來說，這輩子最大的嘉獎就是丈夫在《卡普特》一書上給我的獻辭：『謹以此書獻給我最好的朋友、親愛的妻子珍妮。』

丈夫給我的獻辭使我感到了無比的成功，再也沒有什麼讚賞能夠讓我這樣的滿足。」

如果每一位女性都能夠感受到做妻子這個職業同樣有價值，無疑會增進丈夫的幸福感，珍妮的例子就非常典型。當然，我們不能忘記那些由於特殊原因，必須離開家去工作的妻子們和母親們，我相信女性完全可以證明，她們有能力賺錢維持家庭。在這裡，我真誠的向她們致意。

我們討論的是妻子如何幫助丈夫成功。要知道，幫助丈夫本身就是一項重大的工作，重要到需要妻子付出全力的程度。經驗顯示，如果夫妻雙方志同道合，那麼他們的事業和婚姻得以成功的機率就會大大增加。

丈夫工作過量時要怎麼辦

前些日子，有位老朋友來家裡做客。他看起來很疲倦和憂鬱。「我最近真的很心煩，」他告訴我們，「六個月來，我一直加班工作，替我們公司策劃設立一家分公司。因此，我每天晚上忙到很晚才能回家。但是海倫對於我不回家吃飯，以及我不能陪她一起外出逛街感到非常不高興，這也使得我提不起精神來。建立這個新公司，對我們兩人都是很重要的，但是我沒有辦法使她了解這一點。她這個樣子使我擔憂，這樣就或多或少影響了我的工作。」

聽了他的訴說，我才知道為什麼他會顯得這麼筋疲力盡。

這讓我想起前些日子在我身上的一件事，那時我丈夫正在趕寫一本書。我幾乎搞不清楚，在那段時間，我們之中究竟誰比較辛苦。雖然他在家裡寫作，但我卻很難見到他；他把自己關在書房裡埋頭寫到深更半夜——每天晚上都是這樣。他沒有時間和我一起參加社交活動。他為了趕進度，我們沒辦法一起消遣，或是到什麼地方去。很幸運的是我們的朋友都很能理解。

那段時間雖然我有點埋怨戴爾，但是我還時刻擔心他有沒有吃適當的東西、休息和呼吸些新鮮空氣。我還參加了一些俱樂部，經常去拜訪我們的朋友，並且培養了更多自己的興趣。

就這樣，他的那本書終於寫完了，而我們又可以在一起過從前的生活了。

對於妻子來說，他們有他們的工作，也許妳會因為丈夫辛苦勞累的工作而心疼，但對於丈夫來說，可能是必須的或是很著迷的。我們當妻子的，應該溫情的站在他的旁邊，像護士、保鏢和精神支柱那樣——靜靜的咬緊牙關，期待著再過正常生活的那一天。成功的嘉獎鼓舞著我們的丈夫，使得他們對於手邊工作以外的任何事情都變得又聾、又瞎。但是我們並不曾感受到這種獎勵。

我們應該怎麼做，才能使自己適應這些週期性的額外工作時期？並且在這段時期更好的幫助我們的丈夫，盡可能讓他輕鬆的度過這些緊張勞累的日子？以下這些方法曾經幫助過我，相信對其他人也能有所幫助。

◈ **妳為他準備的食物應該適合他額外辛勞的工作計畫**：要注意讓他少吃多餐。如果他必須搶時間迅速吃完晚餐，並且工作到很晚，那麼妳最好為他準備好容易消化的小點心。烤蘋果、果汁、蛋糕、沙拉、芹菜和紅蘿蔔，這些東西都是量少容易消化的食品，而且又含有人體所需要的維生素。這時候就不要在他整夜的工作之前強迫他吃許多不容易消化的食物，妳可以利用閒餘時間看幾本關於營養的書，或是找妳的醫生談談這個時候應該如何為他安排食物。

◈ **替你自己安排一些娛樂計畫，而不要整天想著過去的日子多麼美好**：在沒有丈夫陪伴的情況下，學會如何使自己在社交上成為一個深受歡迎的客人。在許多情況下，妳會成為多餘的女士，妳應該避免這種情況出現，努力學習，爭取使自己在社交場合中如同五月的陽光那麼受人歡迎。用閒餘的時間做一些妳以前沒有時間做的事情：參觀幾家圖書館，聽聽音樂會，替妳的教堂做些事，參加一個自修課程，或是某些夜校。

◈ **及時解釋清楚**：把這個情況向妳的老朋友們解釋清楚，讓他們理解為什麼妳的丈夫暫時離開了社交圈，讓他們理解妳是全心全意支持妳的丈夫，並且贊成他所做的事情。

◈ **讓妳的丈夫知道他得到了妳的支持和興趣**：這樣不僅促進了他的工作，而且也增進了你們的感情。

◈ **提醒妳自己這只是一個暫時的現象**：妳要不斷的提醒自己這只是一個暫時的現象，如果在這段時間妳能夠輕易的完成上面我所講述的那些事，那麼待這個大工程完成以後，你們將可以過著第二次蜜月般的甜蜜生活。

如何適應不平凡的丈夫

對於那些在不尋常的時間工作的男人，或是工作上有特別需求的男人，都更加需要一個能夠適應這種特殊情況的妻子。警察或國安，鐵路或輪船從業人員、飛行員的太太，所有這些從事特別行業的人的妻子們必須能夠適應，才能維持婚姻的美滿。

例如許多著名的演藝人員，他們的婚姻幾乎都是支離破碎的，因為他們的太太不能夠或者是不情願接受她的丈夫在那個圈子裡成功的情形，適應那種不規律的生活。對於這些太太們，最需要的一點提醒就是，她們不能擁有每件事情。她們必須讓自己努力學習適應這些情況，接受這些情形，並且設法在這個維持家計的工作的限制下，快樂的生活。

有很多女人羡慕那些在所謂「迷人」的職業圈裡很出風頭的男人的妻子，例如著名歌唱家、演員、作家，或音樂家。我十六歲的時候，就夢想著要嫁給一個著名的探險家，可是，我們之中很少有人曾經靜下來想一想，作為這些人的妻子，除了穿著名家設計的時裝，以及在照相機前面擺出笑臉之外，還有更多的負擔。羅威．湯姆斯夫人的例子就可以告訴妳這個道理。在世界上，很少男人比她的丈夫更出名。身為知名的新聞廣播員、探險家、作家、大學講師、運動家，羅威．湯姆斯在喜馬拉雅山野外的家裡，和他在新聞攝影機前面的時間，是一樣多的。

弗朗西絲．湯姆斯是他的太太，她是一個集才華和魅力於一身的出色女性，她還能夠像一隻變色龍那樣，多才多藝的依照她丈夫的需求而改變自己。第一次世界大戰以後，她跟著丈夫跑遍了全世界，那時她的丈夫正在各處講授「阿拉伯的勞倫斯」以及「艾倫比在巴勒斯坦的戰役」當然，這期間她也做了許多事，為伊斯蘭教徒的祈禱寫曲子，以及充當旅行中的助理經紀人。

當他們在美國鄉下的家裡定居以後，弗朗西絲·湯姆斯這位女主人就變得異常繁忙了。她要招待不斷前來拜訪的在她丈夫的書裡出現的許多人物，包括探險家、飛行員，以及其他許多傑出人物。在湯姆斯的家裡，就算在週末，也常常會因為眾多客人的來訪而顯得熱鬧非凡。

而丈夫的每次遠行都會使弗朗西絲·湯姆斯擔憂受驚，例如第一次世界大戰以後，德國革命期間，她從報社電話裡聽說，她的丈夫在採訪一場巷戰的時候受到了致命的重傷。甚至還有一次，羅威·湯姆斯所乘坐的飛機，在西班牙安達魯西亞的沙漠中失事了，而弗朗西絲只能遠在巴黎等待消息。還有羅威·湯姆斯經過西藏的一處山區時，受了重傷。他被當地藏民背著走了二十多天，最後才離開了喜馬拉雅山。在這種情況下，弗朗西絲·湯姆斯除了聽說她的丈夫受傷之外，其他的什麼消息也沒有。這種受盡精神折磨的日子，又有幾個人能忍受得了呢！在最近這幾年裡，羅威·湯姆斯的獨生子小羅威·湯姆斯也開始追隨他父親探險的腳步。於是湯姆斯夫人又要等待她兒子的探險消息了。

妳仍然喜歡做一個像羅威·湯姆斯那種刺激性人物的太太嗎？我們不得不說，只有不平凡的女人，才嫁得起不平凡的丈夫。當妳擠在人群中看遊行的時候，妳是不是也曾經想過要和那些尊貴夫人們換個位置，兩手抱滿了玫瑰花坐在車上駛過羨慕的人群？

馬里蘭州州長夫人席爾德．麥凱丁夫人很文靜、溫柔、優雅，具有一切優雅女性的特點。她曾告訴過我，自從她家搬進州長官邸以後，整個生活就隨之改變了。麥凱丁州長每天都變得很繁忙，經常早起晚睡。他整天處理公事，為重要的公務忙得焦頭爛額，連他的太太都難得見到他。

麥凱丁夫人只有在陪著丈夫旅行，或是到城外演講的時候，才能尋找到許久沒有展露的笑容。「我們發覺，在那些旅途中一起享受到的樂趣，比有許多時間在家裡共處的夫婦得到的更多。這就像是個令人興奮的度假，享受我們在途中發生的每一件奇妙經驗，旅行使得這些經驗更寶貴、更難忘。」

諸如羅威．湯姆斯和麥凱丁州長這樣的男人們，是很幸運的，他們的太太不僅為他們爭光，也能忍受名聲和地位所帶來的種種不便。

如果妳丈夫的工作很不平常，而且會帶來一些不便，妳可以設法應用以下原則：

◎ 看看這種情形是不是只是暫時性的，如果是，那麼妳就笑一笑忍耐一下吧。每個人都可以在短時間內忍耐任何一件事。

◎ 如果這種情形是比較長久性的，那麼妳就試著接受它並改變自己的心態吧，就像麥凱丁夫人那樣。

◎、時刻提醒自己：丈夫的成功也就是妳的成功。如果這種工作對於他的成功是必要的，那就需要靠妳來接受這種情況了。

◎妳要理解，這世界上從沒有、也不會有一個工作是完全只有快樂幸福的。每一種生活方式，都有它的優點和缺點。不要抱怨生活中的種種缺陷，否則即使擁有最理想的環境，也是不會滿足的。

丈夫在家裡工作的時候

當丈夫長期的在家工作，而妻子又能很好的在他身邊料理完家務，這樣的妻子是偉大的。想想看，妳必須踮起腳跟，輕輕的在妳先生工作的隔壁房間裡行走；妳必須接受他的請求，那些有利於他安心工作的請求；妳也不能邀請妳的朋友來家裡吃飯，因為這些嘈雜會妨礙這位一家之主。這樣一位好妻子做起來還真的很難。然而，如果妳真的愛妳的丈夫，那麼妳要時常保持良好的心態，並且下定決心去完成，這樣妳就一定可以成功。

關於這方面的例子有很多。讓我們一起聽聽凱薩琳．吉里斯的故事吧。

她的丈夫唐．吉里斯是個作曲家，也是 NBC 交響樂團廣播音樂會的製作指導。唐．

吉里斯的交響樂作品，曾經普遍流行於美國和歐洲每一個主要的交響樂團。他的樂曲也曾經被像亞瑟．費德羅和阿圖羅．托斯卡尼尼（Arturo Toscanini）這種大師指揮演出過。唐．吉里斯很年輕的時候就在一個著名的專業樂團裡表現得相當出色了。

吉里斯夫婦有段時間曾是我們的鄰居。和他們熟悉的人都知道，凱薩琳．吉里斯在她丈夫光輝的藝術生涯裡，扮演著一個非常重要的角色。

然而，唐．吉里斯大部分的音樂作品都是在家裡完成的。他有自己的書房，但他偏愛在餐廳的桌子上寫作。溫柔、嫻靜的凱薩琳毫不介意，就像她所說的，她只不過是「在他身邊工作」而已。另外，她要注意著兩個小傢伙，以免他們太吵了，打擾到父親工作。

在凱薩琳．吉里斯的努力下，終於使他們的家變成工作和娛樂的好地方。她還是個烹飪好手，冰箱裡經常備有許多自製的冰淇淋、甜美的蛋糕以及其他點心。但是她卻嚴格的控制著家裡食物的消耗。當她認為需要回到儉樸生活的時候，她就把冰箱鎖起來，藏起鑰匙，以限制大家的進食熱量。

很多藝術家都曾受到家庭經濟的困擾，唐．吉里斯也不例外，所以凱薩琳也是一個職業性的業務經紀人。她幫丈夫決定要接受哪一個合約，家裡應該節省多少錢，以及要如何增加收入。當唐需要一套新衣服的時候，當然也是他的太太全權負責。

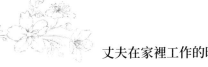

我去拜訪凱薩琳．吉里斯的時候，她向我講了一些當妻子的人應該怎麼做才能成功的處理丈夫在家裡工作的問題：

「當這種事情成為習慣後，」她說，「事情不但很容易，而且也很有意思。相反，如果他整天不在家工作，除了晚上，我白天都見不到他，我會非常想他的，我是多麼習慣於有他在我身邊啊！以下是我所發覺的、幫助他在家裡有效率的工作最有用的幾個簡單規則：

一、努力在家裡為他創造工作氛圍，然後放下他去做自己的工作。暫時先抑制妳想要進去看他的衝動，過一會才去探視他的工作進展得如何。

二、在他工作的時候不要讓他因別的事情而分心，更不要要求他做別的事情。妳應該自己去做這些事，就像他不在家那樣。除非這棟房子燃燒起來了，這個規則是毫無例外的。

三、切勿使自己心慌意亂。當他的工作進行得不太順利的時候，他可能會很緊張和不安；妳可以幫助他，保持冷靜和溫和的心情。

四、錯開他的工作時間來安排妳的社交計畫。除非妳家的房子大得足夠能把他完全隔離開來，否則妳就不可以在他想要工作的時候約請妳的朋友到家裡來。

五、根據他的工作情況，合理的安排家庭其他成員的活動情況，使孩子們有時間痛快的玩玩而不會被制止。正常而健康的小孩子，不可能整天都靜靜的。真正愛孩子的父親，當然不忍心讓孩子這樣。如果大家的權利都受到重視，整個家庭就會其樂融融了。」

從我個人的生活經歷來看，這些規則都是很有效的。我們結婚八年以來，我的丈夫所有的工作都是在家裡做的，所以我的經歷驗證了這些原則。如果妳的丈夫也是這種情況，不妨試試凱薩琳．吉里斯的祕訣。

為什麼男人會離家

陶樂絲．狄克斯曾經寫道：「妻子的脾氣和性情的好壞決定著一個男人婚姻生活的幸福與否，無論他的太太多麼的完美，只要她的脾氣暴躁、性格孤傲、愛嘮叨和不近情理，那麼，她所有的美德便被這些缺點所掩蓋了。很多男人之所以放棄了奮鬥的機會，都是因為妻子的不支持甚至是反對，她永無休止的挑剔，不停的想要知道，為什麼她的丈夫跟別人比起來就那麼差勁，或者是她的丈夫為什麼寫不出一本暢銷書，得不到某一個好職位。像這樣的妻子，真是令丈夫洩氣了。」

嘮叨、挑剔帶給家庭的不幸，比奢侈、浪費來得更大，關於這一點，先聽聽專家的話吧。

著名的心理學家高特曼（Gottman）博士對一千五百多對夫婦做過詳細的研究。根據研究結果顯示，丈夫們都把嘮叨、挑剔列為妻子最糟的缺點。蓋洛普民意調查也得到了相同的結果；男人們都把嘮叨、挑剔列在女性缺點的首位。另外還有其他的科學研究也都顯示沒有其他的個性會像嘮叨、挑剔那樣，對家庭生活帶來這麼嚴重的傷害。

然而，女人的嘮叨挑剔等缺點的根源可以追溯到遠古時代。傳說，蘇格拉底（曾經花費自己大部分的時間躲在雅典的樹下沉思哲理，以逃避他那脾氣暴躁的妻子贊西佩（Xanthippe）。像法國皇帝拿破崙三世和美國總統林肯這樣傑出的大人物也都受盡了妻子嘮叨之苦。奧古斯都·凱撒和他的第二任妻子離婚，就是因為他實在「不能忍受她那暴躁的個性」。

女人的這個缺點一直沿襲到現在。但從古至今，這種方法從沒有奏效過——除非太陽從西邊升起。

我的一個朋友就曾有過這樣的生活遭遇，他的妻子一直輕視和取笑他所做過的每一件工作，而且對他的每一個希望都潑冷水。剛開始，他是一個推銷員，他很喜歡這份工作，並且每天都熱情洋溢的奮鬥著。當他晚上回到家的時候，本希望得到妻子一些鼓勵，但是迎接他的卻是這樣一番話：「偉大的男人，你回來了工作做得不錯吧？你帶回來不少佣金吧？或是只帶回來推銷部經理的一番訓話呢？我想你最好不要忘記，再這樣下去，下個星期我們就得喝西北風了！」

這樣的挫苦和打擊持續了好幾年，但是他一直努力奮鬥著。現在他已經在一家全國著名的公司擔任執行副總裁了。而且他早已和他的妻子離婚了，又娶了一位年輕的、能夠給他愛心和支持的女孩，這是他的第一位妻子所不能給他的。但是，這個時候他的前妻卻牢騷滿腹。「我省吃儉用，辛辛苦苦這麼多年，」她告訴她的朋友說，「結果當他成功的時候就拋棄我，去找年輕的女人了。男人竟是這樣子啊！」但是，她又能怪誰呢？

如果有人告訴這位女士，是她自己的嘮叨、挑剔使得她丈夫離她而去，想必這位女士也是不會相信的。但是這的確是她丈夫離開她的真正原因。

她的這種輕蔑式的嘮叨和挑剔，對於男人的自信心是一種長期的打擊和折磨。打擊了他自認為有能力賺錢養家的男性自尊。

還有一個老朋友的兒子也有過相同的經驗。他是個二十多歲的年輕人，在廣告界得到一份工作，競爭非常激烈。這個時候他最需要安撫和愛心來保持奮鬥的勇氣。而他的妻子則是一個十足的野心家，她總是很不耐煩的認為她的丈夫動作太慢。

在妻子不停的嘲笑與指責下，他失去了鬥志。他告訴我，令他最難忍受的事情是，他的太太已經逐漸的，把他對自己的信心腐蝕掉了——就像不停滴落的水珠，將會侵蝕掉一塊石頭那樣。他開始對自己的工作沒有信心，最後，他連僅有的工作也沒有了，而這時候他的妻子卻提出跟他離婚。而自從離婚以後，他又漸漸的找回了曾經失去的自信，於是，他又開始重新自己那精彩奮進的生活了。

拿一個人去和別人相比，是最具破壞力的一種挑剔方式。「你看看你現在這個樣子，某某已經升了兩級了，你才一次而已。」、「史密斯太太今天穿了一件貂皮大衣，人家丈夫買給她的，你買什麼給我了？」、「如果我嫁的不是你，我一定可以過得更舒服一點。」這些都是最高明的殺人不見血的方法。訴苦、抱怨、攀比、輕蔑、嘲笑、喋喋不休——喜歡嘮叨和挑剔的女人，在這些殘酷的心理行為之中，如果不是專精於其中一種，就是會變成兼而有之的全才了。嘮叨就像麻醉藥，學不來也改不掉。它是習慣養成的。

女孩子如果在初做新娘的時候就常常嘮嘮叨叨的，那麼等她到四十歲的時候，一定會變成一個無可救藥的、對任何事情都不能滿足的、令人討厭的抱怨專家。當然，夫妻之間不吵架反而不正常。心理健全的人，可以承擔一般的爭執而不會產生情感的裂縫。但是從未停止的、毫不放鬆的長期嘮叨所產生的壓力，常常會拖垮最具進取的精神。無論一個男人在事業上有多麼的出色，如果他每天晚上回家後碰到的總是那個嘮叨、挑剔的怨婦，相信他又會從寶座上被拉下來。維吉尼亞大學教授沙姆．W．史蒂文博士在一次演講中，呼籲丈夫們應該享有四種新自由：免於被嘮叨、挑剔的自由，免於被呼喊使喚的自由，免於消化不良的自由，以及可以在一天的繁忙工作後換上舊衣服輕輕鬆鬆的自由。

但是，女人究竟為什麼要對自己的丈夫嘮叨不停呢？這其中也有很多理由。

有時候，嘮叨是一種身體不舒服的徵兆。時常找醫生做健康檢查，可以使我們身體健康，這就好像時常檢查我們的汽車能夠使它們維持良好的駕駛狀況那樣。

長期的疲乏，有時候也會導致嘮叨的產生。治療的方法是，把這個人的生活安排得更有效率些。

找出並消除造成疲乏的原因。心理學家說：「受到壓抑的打擊，常會造成嘮叨。」婚姻問題，性的挫折，愛的失落，內心對生命的不滿，這些都是典型的打擊，它們常常以嘮叨、埋怨或訴苦的方式發洩出來。分析一個人的心理，找出這些打擊，並且引導它們發洩出來，做一些關於這方面的事情，這就是消除它的最好方法。而嘮叨並不能解決問題，這種方式只不過會火上澆油而已。

在紐約的一期《世界電信》雜誌裡，刊登了一篇關於一位不擇手段的男人的犯罪故事——一個五十歲的卡車技工，僱了三名流氓殺死了他的妻子。這個消息聽起來讓人感到不解，這到底是為什麼呢？原來，他宣稱，他的妻子一直不停的對他嘮叨和挑剔。現在妳該明白女人的嘮叨對男人來說是一種致命的打擊了吧，那麼究竟對於這個問題有沒有補救的方法呢？確實是有補救的方法，如果愛嘮叨的人能夠了解它所帶來的痛苦，並且真心想要改過的話。除非妳知道自己有這種毛病，否則妳是無法治好它的。嘮叨是一種破壞性的心理疾病。如果妳不知道自己有沒有這種毛病，快去問一下妳的丈夫。如果他竟然告訴妳，妳是一個愛嘮叨的人，請不要馬上憤怒的否認——這只是證明他的看法沒錯而已。相反，妳要立刻採取辦法改正這個情況。

以下是六個可能對妳有益的建議：

◎**妳丈夫和家人的合作**：每當妳快要發怒、下著嚴格的命令，或是對某一細節問題喋喋不休的時候，請他們罰妳十塊錢，或者是以別的有損妳利益的方式來懲罰妳。

◎**妳自己把話只講一遍——然後就忘掉它**：如果妳必須很不耐煩的提醒妳的丈夫六、七次，說他曾經答應過要去洗衣服，想必他大概不會去洗了，為什麼妳還要浪費唇舌？嘮叨只不過使他更想拒絕，下定決心絕不屈服而已。

◎**想辦法使用溫和的方式達成目的**：「用甜的東西抓蒼蠅，要比用酸的東西有效多了」，這是前人總結的經驗。其實，這句話到今天還是很正確的。「如果你願意去洗衣服，親愛的，我將為你親手準備你最愛吃的晚飯。」或者是，「親愛的，真高興看到你把我們的草地修得這麼整齊。知道嗎？別的女士都羨慕我有這樣好的一位丈夫呢。」這些方法，以及其他類似的方法，將使妳的希望更容易達成。

◎**培養出一種幽默感**：幽默感將會使妳常常保持良好的心情。經常因芝麻小事不高興的人，早晚會精神崩潰的。有些太太在催丈夫到浴室去拿浴巾的時候，竟然也大動肝火，嚴重的程度令人吃驚。從沒有一個有理智的女人會浪費到對一件便宜衣裳付出法國名牌專賣店的價錢；然而我們之中有些人卻常常浪費精神，緊繃著一張臉，為了一些不值一提的小事，把愛情轉變成怨恨。

◎**冷靜的探討重大的不愉快的事件**：在不愉快的事情發生時，用便條紙記錄下來。事情發生時不要說什麼話。然後，當妳和妳的丈夫都冷靜下來時，再把事情拿出來討論。如果是微小和不重要的事情，妳一定會不好意思再提起。人們必須有理智的、不意氣用事的討論引發怒氣的主要原因，看看能不能利用相互的信任和合作來消除它們。

◎**完全可以不嘮叨就能達到目的**：學習和掌握人際關係的藝術。學習激勵別人去做妳想要的事，而不要驅使別人。這可謂是操縱男人的祕訣。親愛的讀者朋友，妳不能用一把槍套牢一個男人，當然也不能用嘮叨的話來套住他。那樣做，只會破壞他的精神，毀滅妳自己的幸福。

無效的干預

如果妻子們想幫助她們的丈夫成功，應該怎麼做？一名成功人士說：「我認為妻子想幫助丈夫事業成功，有兩件事非常重要，第一是要愛他，第二是讓他單獨去闖。一個聰明的妻子如果能夠讓丈夫不受干擾的工作，那麼丈夫一定能夠發揮全部的能力，最後邁向成功。而且這個可愛的妻子也會帶給丈夫快樂舒適的家庭生活。這個不打擾的原則適用的範圍很廣，它既適用於妻子和丈夫的關係，也適用於妻子和丈夫工作夥伴的關係。」他又說：「有些妻子喜歡過多的勸告丈夫，或者過分的干擾丈夫的工作，認為自己是丈夫事業上的顧問，常常反對他的同事，抱怨丈夫的工作時間太長，責任太多，薪水又太少。妻子的這種做法會破壞丈夫成功的希望，沒有什麼事比它更具嚴重性。」

許多剛結婚的新娘總是為丈夫憧憬著美好的未來，她們對丈夫成功的渴望異常急切。

為此她們想了很多辦法，比如嘗試和丈夫的同事成為朋友；向丈夫提出許多暗示和建議；還做出一些計畫。但是，她們的計策常常產生相反的效果，自己的丈夫不僅沒有晉升一級，反而丟掉了工作。

有一次，我們的公司裡來了一位新經理。這個職位對於他很適合，因為他十分聰明。奇怪的是，每天早上他的妻子竟然和他一起到辦公室，不僅親自將這位經理的要求記下來交給打字小姐，而且擅自更改她先生的整個工作計畫。整個辦公室的工作環境被破壞得一團糟。有個女孩子馬上就辭職了，其他人也都希望事情發生轉機。當這位新經理工作整整三個星期以後，老闆將他叫到辦公室委婉而肯定的說，他不能再繼續工作下去了。

妻子的無端干涉實在是一件非常危險的事，它所產生的後果比大多數人了解的更加嚴重，即使她的出發點再好也不行。有一個朋友對我說，他們的公司有一個經理工作了很多年，也很受到重視，是很有前途的一位年輕人，但是最近他被迫辭職了，原因就是他的妻子總是插手他的工作。

為了讓丈夫盡快的獲得成功，他的妻子設計了很多計畫，想以此打擊公司裡的其他幾位經理，她想當然的覺得他們都是丈夫的對手。她開始到處散播謠言，並在這些經理的家人面前挑撥是非。她的丈夫不能控制她祕密的行動，只好做了他唯一能做的事——他辭掉了自己引以為榮的工作。

如果妳也想做這種善於幕後操縱的女人，我會告訴妳更簡便的十種方法。按照這些指示，妳可以將丈夫從成功的階梯上拉下來，永遠爬不上去。不僅如此，妳的丈夫還會失業，進而變得精神崩潰。

◈只要有機會妳就用言語或者行動攻擊他的年輕漂亮的女祕書，雖然她並沒有把妳的丈夫當作鑽石王老五加以追求，但是妳也不能放過她。同時讓她記住，她不過是傭人而已。如果她要辭職也不用擔心，雖然對一個有事業心的男性來說，失掉一個好祕書是個很大的打擊，但是還有一部錄音機可以用。

◈無論什麼時間，只要妳想，妳就隨時打電話給你的丈夫。詢問他中午和誰一起吃飯，告訴他家裡的東西又壞了，另外，回家時不要忘記買清單上的東西。等到發薪水的時候，一定要到辦公室去找他。用不了多久，他的同事就會發現，他的工作效率快速的降低了，同時知道你們家裡真正的主人。

◈用仇視的眼光看待丈夫同事的太太。不妨說說老闆以及妳丈夫對她丈夫的看法，不時散布一些閒言碎語，製造一些事端。很快，妳就會達到目的，整個辦公室分裂成許多派系。

◎藉丈夫工作的自信，在他耳邊說丈夫在工作上的付出與回報嚴重不成比例。當他相信妳的話以後，就會覺得自己的工作正如妳所說的。然後去尋找更合適的工作。

◎以高姿態干涉他的工作，不斷指點他如何改善工作，增加銷售成績以及如何奉承自己的上司。他只是個辦公人員，而妳是真正有眼光的謀略家。

◎追求虛偽、奢侈的生活。這樣做騙不了任何人，雖然妳可以從中享受到許多樂趣。

◎長期將自己的家組織成警署的模樣，偵查丈夫和他的女祕書、女客戶，以及同事太太之間的問題。女士們在一個房間裡工作，男士們為了避免和她們過多的往來，只能在另一個辦公室工作，這麼做同樣騙不了妳，因為妳總是偏執的認為，那些女人個個都是喜歡勾引男人的狐狸精。

◎在丈夫的老闆面前施展媚功。雖然在妳努力之後老闆並沒有開除妳的丈夫，但老闆夫人為了讓妳有更多的用武之地，會特地為妳的丈夫找個新上司。

◎在公司舉辦的宴會上，為了顯示你自己，不妨多喝一點酒。講講妳丈夫度假時玩鬧的事，以及他如何穿著亂七八糟的睡褲上床。這些事情會為大家製造無窮的笑料，妳也會成為宴會中最出風頭的人物。拿自己的丈夫來尋開心，這可是妳最拿手的把戲。

◎在遇到丈夫出差辦公時，妳必定哭哭啼啼的嘮叨和抱怨，為了妳其他任何代價都應該犧牲，只有妳才是最重要，最值得照料的。

妳對以上十條原則有什麼看法？只要妳按照它們去做，保證一定會讓妳的丈夫失去工作，失去晉升的機會。而妳，最後得到的結果，就是會失去妳的丈夫。

自殺和野心有關

當珍．威爾許（Jane Welsh Carlyle）嫁給湯瑪斯．卡萊爾（Thomas Carlyle）的時候，所有的朋友都為她感到不值。珍是一個漂亮的女孩子——而且是個遺產繼承人，大家都認為她可以嫁一個更好的丈夫。湯瑪斯．卡萊爾非常聰明，但是也非常粗魯、笨拙和怪癖。他沒有一分錢，似乎也沒有什麼前途——他只有聰敏和才華。而現在，他們的婚姻，以及她那冷峻嚴厲的蘇格蘭丈夫，已經變成一個傳奇了。她看著自己的丈夫當上了愛丁堡大學校長，在倫敦受到偶像般的崇拜，而且成為《法國革命》與《克倫威爾的一生》等古典文學名著的作者。而他們所居住的地方，也變成了當代文學天才的聚會場所。

珍．卡萊爾本來是很出色的詩人，但是為了有更多的時間去幫助丈夫，她放棄了自己的寫作。珍離開了家庭和朋友，和丈夫來到一個與世隔絕的蘇格蘭鄉村，這樣的環境更有利於丈夫的寫作。她自己縫製衣服，做個勤儉的家庭主婦，照料著丈夫的慢性胃病，並且清除了他長久以來的鬱悶。當她丈夫的書開始引起公眾注意以後，她就和能夠欣賞丈夫的有才華的人往來。在社交圈裡，許多美麗的女人都很奉承她的丈夫，她不但不怨恨她們，而且她還為此感到高興，因為她們能夠使她丈夫的作品更受注目。

但是珍．卡萊爾最難得的修養可能是：她從來沒有想要改變丈夫的個性。在一封現在很出名的信裡，她寫道：「……我不願意鼓勵每個人都變成一個類型，我寧願用粉筆在每個人的周圍畫個圈圈，勸告他們不要踏出圈外，而盡力發揮獨特的自我。」

當然，也許妳們會認為改善卡萊爾先生的一些不隨和的個性，完全是為他好。但珍只是幫助他培養自己的個性。她喜歡她先生本來的樣子，而且她希望世界上的人都能夠接受她先生本來的樣子。

的確，幫助一個男人了解他自己的能力，與硬要推動他去做超出能力的事相比，這兩種態度之間存在著一種細微的界限。而這個界限往往需要女人來掌握。

對珍．卡萊爾來說，她的先生本來就是個很有智慧的天才，而她並不想把她的先生改造成一個彬彬有禮的應酬專家。她很尊重卡萊爾笨拙的個性，以及他的執拗，因此，他們擁有一個他人羨慕的美滿婚姻。

當然，並不是所有的妻子都這麼了解自己的丈夫。許多男士都因為被逼迫得超過自己的能力限度而感到精神崩潰——痛苦之源通常都是因為他有一個野心太大的妻子。有許多人，在低層的職位上工作得很稱職、很快樂。強迫他們去爭取不適合的高階職位，就會為他們增加強大的壓力和責任，而這些壓力和責任，並不是他們的神經系統所擔負得了的。

所謂成功，就是指我們把適合於自己的心理、體力和個性的工作做得很好。奧里森·斯威特·馬登（Orison Swett Marden）寫道：「一流的扛磚夫，比其他任何行業的二流人物都要更好。」

創造人類的大自然，並不希望每個人都成為首領。但是我們給予擁有大頭銜的人的名聲未免太誇大了，那些滿足於最高職位以外工作的人，通常都會被認為太不求進取。他的妻子感覺到這種無言的壓力，就會開始刺激他。從社會和經濟的觀點來看，他不只必須趕上鄰居們家裡的地位和收入，而且還要像瘋子那樣超越他們。

苦思和憂慮能夠為妳帶來什麼？的確，什麼好處也帶不來，沒有人辦得到。然而每天仍然有許多悲劇發生，因為有這麼多太太們還是認為她們可以辦得到。

一個女人付出了自己二十年的努力，想要使她的丈夫成為白領階層的一員。當她嫁給她丈夫的時候，她的丈夫本是個快樂而且高明的水管工人。她很恥於讓朋友看到自己的丈夫帶個便當（即使裝滿了最好的菜），而朋友們的丈夫卻提著公事包（雖然裡面空無一物）上班。於是，她便要靠自己改變現狀了。

為了讓妻子開心，這位可憐的丈夫就跑到一家大公司去當文書。多虧他太太的這個想要使他有點成就的決定，幾年來他在重重困難之中也晉升了好幾級。如果他繼續當水管工人的話，他們的收入可能就不是這樣了，但是，老天有眼，他現在已經拿著筆桿，不拿螺絲刀了，而且他妻子感到滿意了。他是個對工作感到厭煩的普通文書，從生活裡得不到多少樂趣，但是他的妻子卻總是在她的女性朋友面前炫耀，她是如何把自己的丈夫從藍領階級裡拉上來的。

過分逼迫一個男人，不僅會讓他放棄自己喜愛的工作，從事自己厭煩的工作，而且還使他喪失了對生活的樂趣。放棄一份有資格接任的高階職位，是需要勇氣的；然而升級有時候也會帶來不幸呢。

檀香山警察局的克利弗．西瓦茨曼先生的例子可以說明這一點。警車巡邏員西瓦茨曼，在他的小女兒出生後不久，被調到另一個部門。這次調職雖然加了薪水，但同時也需要更長的工作時間，而且壓力更大。他幾乎沒有時間照顧自己的太太和小孩。但是做為一個有責任心的警察，他仍然接受了調職並想要努力做好新工作。表面上看起來他的精神還不錯，直到他開始消瘦，失眠，覺得苦惱和脾氣暴躁。西瓦茨曼去找他的醫生檢查病因。醫生是他的朋友，在他身上找不出什麼毛病，但是經過一段長談以後，醫生認為西瓦茨曼的麻煩是自己造成的。醫生打電話給警察局長，告訴他，西瓦茨曼再這樣下去就會倒下去了，除非他被調回巡邏部的老職位上，否則警方就要失去一個好警察了。西瓦茨曼被調回來了，他的健康馬上得到改善。他能夠正常的吃飯睡覺，體重回升了，脾氣也好轉了。

「從這次教訓中我明白了，」西瓦茨曼說道，「對我來說，做我喜歡的工作，要比領取高薪重要得多。健康、幸福和滿足，比金錢更重要。」

克利弗．西瓦茨曼很幸運的能夠及時吸取這個教訓。有些人從沒這種機會，時機太遲了還是不知曉。讀過約翰．馬昆德（John Marquand）的小說《沒有退路的據點》的人，一定會記得，在那個社會裡，「高級」的學校、俱樂部、衣服和生活方式，比個性更加重要，所以那個妻子就不斷的慫恿他的丈夫一層層的向上爬，以滿足她對社會名譽的欲望。為了滿足妻子，儘管這位丈夫不熱衷於這種成功，他仍然很配合自己的妻子，直到最後他想回頭已經太遲了——他發覺自己已經站在一個沒有退路的據點，深陷進一個不適合他本性的社交圈裡。

太大的野心，甚至可能造成無法挽回的後果。在一期《時代週刊》裡，以下這行標題吸引了我的注意力：「美國官員的自殺和他的野心有關」。報導中提到，一位四十一歲的國務院官員上吊自殺了，原因如警方所說的，由於「野心受到了挫折」。負責調查此案的警官說，這位不幸的自殺者的最大野心是做一個外交官。但是他在國外服務考試中已經失敗兩次，或者可能是三次了。

所以，凡事要懂得知足，以免害了我們自己或我們的丈夫。不要費盡心力去求取超出我們能力的成就。

彼德．史坦克隆博士，在他那本《如果停止謀害你自己》中，責備那些過分逼迫自己丈夫的妻子們，她們要自己的丈夫永不休止的努力，以爭取比鄰居更多的錢，更好的名聲和更高的生活水準。史坦克隆博士在書中寫道：「這種女人天生就是追求名利的人，或是因為受到薰陶才得到了這種特性。我曾經看過這種人，破壞了許多家庭的幸福。」

因此，讓我們允許我們的丈夫去發揮他那天賦的自我吧！不要強迫他進入我們所預見的屬於「成功」的觀念模式裡。如果妳真的愛妳的丈夫，並希望他獲得最高的成就，妳就該鼓勵他、刺激他，和他一起工作。但是一定要當心，別把他逼得太急，或者是迫使他做超出自己能力的工作。

當機會來到妳面前

早年，我的祖父在堪薩斯州的農莊長大。他想要移居到印第安領地，看看自己能夠在這個邊界殖民區做出什麼事業。於是他和妻子哈麗特就整理好行裝，帶著孩子們向未知的前途出發。他們在錫馬龍河岸定居。這個地方，位於現在的奧克拉荷馬州東北部。祖父建造了一座木屋，用籬笆圍起一片自己的土地。不久，他籌到了一筆錢在這個小鄉村開了一家小店，那就是現在奧克拉荷馬州的土爾沙市。

在當時情況下，可想而知，祖母哈麗特日子過得很艱苦，她要照顧九個孩子，身體不太好，而且生活很不方便。她用舊報紙來貼補那間最早蓋起來的木屋。那裡沒有醫生，只有一間教室的教會學校供小孩子念書。艱苦的生活、債務、寒冷的冬天和炎熱的夏天，這就是他們全部的生活寫照了，但是以邊疆的生活標準來說，祖父成功了。在祖母的有生之年，親眼看到她的丈夫變成一個成功的、受人敬重的居民，她的兒女們也都有了自己幸福美滿的生活，而印第安領地也變成聯邦政府的一個州。聯邦政府這些州的發展，不僅由於有像我的祖父這種男人的眼光，而且也因為有了這些勇敢的妻子，就像哈麗特，她們勇敢的去嘗試新機會。這些女人信仰上帝，信仰她們的丈夫，而且信仰她們自己。她們勇於面對疾病、困難和死亡的威脅。

當她們朝西部前進的時候，有沒有懷念過她們離開的舒適的家？有沒有後悔過離開了朋友、雙親、財富以及進入匱乏、懼怕和勞苦的生活？如果她們沒有後悔過，誰會相信呢？

但是正是因為這樣，拓荒的女人們跟隨著自己的丈夫來到這些荒涼地區，寫下了美國歷史上光輝的一頁。他們留給自己的兒女一筆龐大的遺產，包括一片土地、城市、遼闊的大地，以及一種不屈不撓的勇氣和毫不動搖的信心。

盼望丈夫成功的妻子，必須發揚拓荒前輩的那種精神。妻子必須支持丈夫去做他最喜愛的任何事情，縱然他的做法是很冒險的。不管遭到了什麼挫折，她必須有深信丈夫的勇氣，而且毫不畏懼的支持他。能夠不顧安危，努力的實現進取心和創造心的人，更不會為了其他的原因而退縮。例如，我所熟悉的一位男士，在他不喜歡的職位上做了一輩子，只因為他的太太寧願犧牲任何代價，來保全安定的生活。

最初他是個記帳員，後來他有了資金，可以開一家自己的汽車修理廠了。這時候他結了婚。他的太太認為在他們還沒有買下房子以前，最好保住目前的工作。等到他們有了房子以後，他們正要生下第一個孩子，妻子使這位男士覺得，開創自己的事業將是一件多麼辛苦的傻事。他的薪水已經足夠家庭開銷，還有保險金可以供孩子受教育。有必要開創自己的事業嗎？那得冒多大的風險啊，如果失敗了，他可能會失去在公司裡的年資、退休金、疾病津貼，以及一份中等而固定的薪水。於是，就這樣，這位男士就失去了創業的機會，因為他的妻子不願意讓他嘗試。

現在，他是個對生活感到厭倦的、庸庸碌碌的中年人，他把空閒的時間用來修補自己的汽車。他有張失意的臉孔，患有胃潰瘍，此外再也沒有什麼東西可回想了。他的生命就這樣平平凡凡的過去了。他生命絕大部分的時間都用來壓抑他對於工作的不滿，他對自己的工作沒有真正的興趣，沒有熱心，沒有完成的野心，而這一切都是因為他的太太不願意給他嘗試的機會。

如果他放棄了不喜歡的工作，嘗試努力去做自己選擇的工作而失敗了，事情又會怎樣？至少他將會為做過想要嘗試的工作而感到滿足。而且如果他領悟了失敗的經驗，那麼他總有一天會成功的。

我曾經替一位叫作查爾斯·雷諾茲的人做過事，他是奧克拉荷馬州一家大石油公司的財務經理，是個活潑、能幹、又討人喜歡的年輕人，看來一定可以一帆風順的往上爬。他有太太、三個小孩以及光輝的遠景。

畫畫是查爾斯．雷諾茲的業餘愛好。他的許多風景油畫，都掛在公司辦公室的牆上。有時候他也把畫賣給公司之外的人。儘管雷諾茲先生喜歡自己的工作，但是他更渴望有多一些的時間來繪畫。他一向很喜愛新墨西哥州的歐斯城，那裡是藝術家的樂園，因此，他做了一個大膽的決定，他想放棄自己的工作，移居到那裡去發展自己的繪畫事業。當他和他的太太露絲談到這件事的時候，她說：「太好了！我們可以賣掉這裡的每一件東西，去那裡開一家繪畫用品店。我們也可以賣畫框，我照顧店面，你就可以畫畫了。我相信我們的成功就在不遠的將來。」

在妻子熱心的鼓勵下，查爾斯．雷諾茲就下定決心辭掉工作，專心作畫了。他們全家人都有了開創新事業的精神，年輕的小查爾斯放學以後也會到店裡幫忙。查爾斯畫得非常好，終於成為西南部最成功的畫家之一。他的作品曾經在整個美國巡迴展覽過；他也曾經在許多畫廊舉辦過個人畫展。現在，他是歐斯城畫家協會的會長。在聞名的濟特．卡森街上，他還建造了自己的畫廊和畫室。他們的成功歸功於他和他的妻子有勇氣去嘗試一個機會的結果。

這種冒險的成功並不值得驚訝，而且它的勝算的可能性是很高的。如同范狄格李維特將軍經常在戰前對他的軍隊所說的：「上帝偏愛那些勇敢和堅強的人。」

對於某個人來說，最適合他的工作，或能夠使他感到快樂的工作，並不一定就會使他富有或是過上好日子。然而除非一個人的工作能夠帶給他內心的滿足，否則就不能算是真正的成功。當妻子的人需要有精神上的耐力，才能夠讓她的丈夫自由自在的從事他所喜愛的工作，而放棄他所不滿意的、感到不快樂的、薪水較好的職位。

很多人的成功，可能都是因為不自私的妻子願意嘗試一個機會，或許還伴隨著一些個人的犧牲，因此她們的丈夫才能夠從事適合於他們個性的工作。

救世軍不只是它偉大的創始者卜威廉（William Booth）的活的紀念碑，而且也是卜威廉最具愛心的妻子卜凱瑟琳（Catherine Booth）的活的紀念碑，因為她為了推廣這個運動付出了很多的精力。

威廉把傳道當成自己的天職，他在倫敦的貧民窟對窮人、殘疾人和流浪漢布道。他們全家人忍受著寒冷、飢餓和嘲笑。他努力幫助窮人，甚至損害了自己的健康。他的妻子凱瑟琳本來身體就很瘦弱，患有脊柱彎曲症，必須使用脊柱支柱。後來，她還患了肺結核，晚年又受到癌症的折磨。她臨死前說，「我從來沒有感覺到哪一天不是生活在痛苦之中的。」然而這位柔弱多病的婦人，不只要做飯、洗衣和照顧他們的八個子女，還要幫助她的丈夫，為那些比他們自己還要窮困的人奉獻出他們慈愛的努力。她白天勞累了一天，到了晚上，她還要到貧民窟去幫助那些飢餓、生病或是遭遇其他困難的人。她為那些懷有私生子的未婚女孩準備飯菜，找尋安身的處所。她跟那些小偷、流浪漢和妓女談話。

這種地方誰能待得下去，妳有沒有想過凱瑟琳為什麼沒有離開這個地方的念頭，難道是沒有機會嗎？這種機會也曾發生過。有一次牧師會議受到威廉的真誠感動，就在一個比較富裕的地區，留給他一個舒服的講道工作。這樣他就可以放下他在貧民窟的工作了。他們忽略了威廉的妻子。凱瑟琳馬上站起來叫道：「不要！不要！」

多虧她有不怕艱難的決心，現在才有救世軍在各處工作。我還希望凱瑟琳能夠活得更久一些，能親眼看到她對丈夫所做的貢獻結出的碩果。我真希望她現在已經知道，在卜威廉的葬禮之中，當他的靈柩經過的時候，倫敦街頭擠滿了六萬五千多人向他表示敬意。倫敦市長也在他葬禮的行列中為他送行。歐洲的宮廷和美國總統也都送來花圈。在他的靈柩後面，有五千名年輕的救世軍跟隨著，並唱著讚美詩歌頌他們偉大的領袖。我寧願相信凱瑟琳已經都知道了。這位瘦弱而又偉大的女人完全不顧自己的安危，獻身她丈夫偉大的工作。

其實，成功的真正意義，是找尋出妳所熱愛的工作並努力去做——在奮鬥的途中必須不顧自身的安危與幸福，有時候只有這樣做，我們才能獲得自身真正想要的東西。

「上帝啊，請賜給我一個年輕人，他必須有足夠的膽識去做別人心目中的傻事。」羅伯特．路易斯．史蒂文森（Robert Louis Stevenson）向上帝祈禱說。

莎士比亞這樣說道：「疑慮是我們心中的叛逆者，由於害怕追求，將會使我們失去我們通常能夠贏得的東西。」

上帝的確是偏愛勇敢和堅強的心靈。如果我們希望我們的丈夫，在他們覺得最有成就的工作之中成功，我們就該鼓勵他們去嘗試每一個機會，而且，對於作為妻子的我們要有足夠的勇氣來共同克服困難。

第四章　妳該怎麼辦

第五章　妻子最偉大的奉獻

在丈夫的收入範圍內生活

我們經常在小說裡看到一些對金錢毫不在乎的樂天派為我們帶來了很多笑料。當大衛．科波菲爾（David Copperfield）讓他的年輕新娘朵拉計劃開銷時，朵拉便開始噘嘴撒嬌，讓人覺得她十足是個可愛動人的角色。不朽的名著《與父親一起生活》中也有相關的內容，書中描寫了母親把每個月的家庭預算都搞得一團糟，為了此事每每發生爭戰，但是，在母親節那天，父親表現出了最好的風度。

當然，這些在小說裡吸引人的不負責任的角色也並不是沒有迷人的特性。他是個失敗的冒險家；她追求腐化虛偽的生活，她整天召集朋友舉行大型舞會，根本談不上動人。在財物上的浪費遠比其他的事情更讓人傷心，讓人討厭。

目前的生活水準不斷提高，物價也不斷上漲。我們的錢比起幾年前買到的東西，都要少很多。妻子們面對的是一個不成比例的挑戰，必須小心的利用那些錢。也許妳會認為解決這些煩惱的最好辦法就是增加我們的收入。但是，經濟學家告訴我們，這個辦法並不可取。因為事實上，大部分收入增加，已經造成開銷同步增加。有人認為，如何處理家庭收入，其實是個非常簡單的問題。無非有錢的時候就多花，沒錢的時候就少花。這一理論簡單而瀟脫，使人想起小說中那些奢侈迷人的人物。但是，如果我們仔細推敲一下，就會發現這個理論的不恰當之處。他的這種做法，完全就是沒有好好的處理自己的收入。沒有計畫的開銷，就意味著每個人都可能分享你的收入，包括菜販、麵包商人還有電器銷售商等等。其實精明的消費者有時候比妳辛辛苦苦賺那麼一點錢還重要。

時刻將自己的收入做出合理的預算，可以保證妳的家庭能夠得到滿意的分享。預算不應該是一件約束行動的緊身衣，也不是毫無目的的記錄用掉的錢，它是一張計劃過的藍圖，幫助妳把所有的收入花在正確的地方，派上更大的用場。比如妳在很久以前計劃要買一棟新房子、孩子上大學的費用、家人的養老保險金、盼望的假期。正確的預算方式會幫妳實現這些願望，它會告訴妳，節省那些不必要的投入，然後把它們放進需要大筆費用的項目裡。

為丈夫安排將有限的收入做出最大利益的投入，這也是幫助丈夫成功的重要方法。如果丈夫很會賺錢但不知道節省，妳應該幫助他看緊錢包；如果在用錢方面他已經很節省，妳也可以表現出相同的看法，來增加彼此的默契。如果妳對處理家庭財務一竅不通，那麼就立刻行動起來吧，好好學習如何預算開銷。

有時間就看一些生活類雜誌，從這裡面可以學到很多家庭經濟方面的知識，它會告訴妳：如何利用舊衣服；如何製作物美價廉的點心；如何製作家具等等。另外還有一種免費的預算諮詢服務，他們會根據妳的家庭需求，幫妳規劃預算。這項規畫必須是專門為妳制定的，並不適合其他家庭。

下面列舉一些對妳的家庭預算計畫有幫助的建議：

記帳

將每一筆開銷記錄下來，清楚的了解支出情形，這是非常有用處的。因為我們必須知道不必要的消費究竟在哪些方面，否則改進就無從說起，節約也沒有任何意義。所以，必須在某一時期、至少三個月時間內，記錄下所有的家庭開銷。每月將花費整理成一張清單，每到年底我都會對單子上的花費金額做總結。如果妳詢問某年我們的生活費、水電費、瓦斯費、娛樂費分別是多少，我都能準確無誤的告訴妳。不僅如此，我還能夠透過這些紀錄，查出增加的費用花到何處去了。當妳清楚收入的去處，就不用再記帳了。但是我很喜歡手頭有這種資料，如果我懷疑自己在某方面的花費超支了，比如買衣服，只需要翻看一下紀錄就會知道真實情況。

有一對夫妻開始記帳以後，奇怪的發現他們每個月居然有七十美元左右的錢用於買酒了。我跟他們很熟，我知道他們並不是一對酒鬼夫妻，只不過對朋友太熱情，時常邀請朋友來家裡喝一杯。很快他們做出一個決定，以後盡量在這方面節省開銷，將那七十美元用在更好的地方。這個決定無疑是明智的。

可以列出家裡的每一年開銷，包括房租、生活費、水電費和保險金。然後列出其他的必要開銷，有置裝費、交通費、醫藥費、教育費、禮金等等。必須實事求是的根據家庭的特殊需求設計預算，有時需要嚴格的自制力才能擬定需求的計畫，我想大家都清楚這是一件很難的事，因為我們不能買下每一件東西。但是，我們至少知道，哪些東西是必須的，然後將那些不重要的東西放棄。妳是否願意擁有一個舒適的家而放棄昂貴的衣服？妳是否願意自己做衣服，將省下來的錢買一臺電視機？很明顯，這些都需要由妳和妳的家人來做決定。

每年儲蓄百分之十收入

理財專家建議說，儘管物價繼續上漲，但是，如果妳能節省收入十分之一，那麼不用等多長時間妳就可以獲得經濟上的舒適。因此，規定妳自己將固定開銷的十分之一儲蓄起來，或者對之進行合理投資，還可以另外想辦法建立一筆額外資金用來買房子或汽車。

有一位女士的丈夫是個既保守又頑固的英格蘭人，哪怕他窮得要在中央車站廣場脫光衣服，也不願放棄這個儲蓄十分之一薪水的計畫。這位太太對我說：「在經濟蕭條的時候，我先生的收入突然驟減，於是全家人都沒有好日子過。我購買日用品總是想方設法節省每一毛錢，我丈夫為了省下公車費，每天都要步行二十多條街。即使這樣，儲蓄十分之一薪水的計畫從來沒有間斷過。當然，在我們急需用錢時，我也十分後悔把錢放在銀行裡，但是很慶幸我們堅持下來了。因為儲蓄使我們到中年的時候，擁有了自己的房子和其他一些我們所盼望已久的享受。」

準備一筆應急資金

許多優秀的理財師還對我們提出了一些很有益處的合理化建議，如果要應付緊急事件，至少要存下三個月的收入。但是，想一次存很多錢是非常困難的。如果一次一、兩百元，和下一次卻相隔了幾個月的時間，這樣的話根本就存不了多少錢，與其斷斷續續的，倒不如每月固定存下五十或一百元的效果更好。

預算需要家庭討論

財務專家認為，預算需要家庭討論。由於每個人對金錢的態度都不同，往往會受到教育程度、氣質和經驗的影響，所以應該經常舉行家庭討論會，爭取在意見上達成一致。

壽險是重大問題

人壽保險協會的主任瑪里昂·史蒂芬思·艾巴莉女士所說的每一句話都具有特殊的權威性，因為她為人壽保險專家們提供了很多獨特的看法。當艾巴莉女士接受我的採訪時說，當妻子的應該問自己以下問題：

妳是否知道人壽保險對於妳的家庭來說有什麼可利用價值？妳是否知道一次性付款和分期付款的的區別以及各自的優缺點？妳是否知道有很多種不同的付款方式？妳是否知道現代人壽保險的雙重意義？對於妳的家庭來說，妳和妳的丈夫了解這些問題的答案是很有必要的。假如一個男性意外身亡，人壽保險可以保護他的家庭；假如他繼續活著，人壽保險可以為他提供獨立的基金頤養天年。如果有一天，妳不幸的成為一個寡婦，這時妳所了解的人壽保險知識就可以幫妳排憂解難。

《如何建立美滿婚姻》的作者瑪麗南狄斯和加德森在書中寫到，婚姻生活裡主要調和適應的地方就是如何支配家庭收入。大家都知道金錢不是萬能的，但是，如果我們知道如何有效的處理自己的財務，就可以為丈夫和家庭帶來幸福、安寧和效益。我們絕對不能幻想自己的丈夫每月能夠帶回一筆大收入，就像我們原本應該嫁、但最終沒有結婚的那個男性一樣。這種幻想直接影響著妳的家庭幸福。我們能夠努力的工作就是將自己變成理財高手，好好利用他賺回來的錢，這樣做還可以激勵丈夫更勤奮的工作，賺更多的錢。

丈夫的生命掌握在妳的手中

丈夫的生命掌握在妳的手中，如果妳想謀殺他而不露絲毫痕跡，妳只要不斷的給他吃油膩和高澱粉的食物，使他至少超重百分之十五至百分之二十五就行了。然後，妳就可以坐下來想像著做寡婦的滋味究竟如何，因為這種事實已經離現在不遠了。根據專家的調查，在五十歲出頭去世的男人，比同年齡階段的女人要多百分之七十至百分之八十。而令我們不解的是，專家們認為這是我們做妻子的錯誤。

人壽保險公司路易斯．艾．杜伯林博士在一篇名為〈停止謀殺妳的丈夫〉的文章裡說到：「四十年來，我擔任一家人壽保險公司的統計工作，所得到的結果是，在年限沒到以前，很多男人就早逝了，如果他們的妻子能夠更加嚴格的盡到自己的職責照料丈夫，這些男人也許還不至於去世那麼早。」

杜伯林博士當然知道，他曾經研究過超重和死亡率的關係，在這個問題方面，他是全國最有權威的人士之一。另外還有赫爾伯特．柏拉克醫生在一篇〈為什麼丈夫們死得這麼早〉的文章裡告訴我們：「如果妳想要努力保持丈夫的健康，確實能延長他的生命……現在，妳的手裡已經掌握了一種能力，可以延長他的生命。」有很多生活在艱苦的環境裡的苦力勞工，都會比妳的丈夫壽命更長——如果妳的丈夫超重的話。在俄亥俄州克里夫蘭最近的一次醫學會上，《減肥與保持身材》的作者諾曼．喬利菲博士把肥胖稱為「美國公共衛生最大的一個問題」。美國科學促進協會在聖路易召開的一次會議裡，一位克萊頓大學的醫生說：「在沒有戰爭的當今世界，死於餐桌上刀叉的人，要比死於槍劍下的人多。」

所以我們必須承擔起這個責任，因為男人所吃的，就是他妻子擺在他面前的食物。妻子的菜煮得越好，丈夫的腰圍就越大。當丈夫看到擺在面前的妻子辛辛苦苦做完的甜點時，他不能說一個「不」字，否則他就太不領情了。甚至於亞當（Adam）也會為自己辯解說：「因為這個女人誘惑我，所以我就吃了。」

大多數男人在年紀增加以後，身體運動自然會減少，所以他們所需要的食物就更少了，但是，如果想要保持丈夫的健康的話，他們卻吃得更多。提早督促丈夫養成良好的飲食習慣，是妻子的職責。

低熱量高能量的食物，就是妳最好的選擇。如果妳不知道這種說法，就去請教妳的醫生。他也會很樂意告訴妳如何安排妳丈夫的飲食，才能使他降低體重，而且精神提高。F．萬吉尼亞．懷特海德博士，是麵粉協會的營養專家。她明確指出，減肥的最好方法就是不要吃脂肪太多的東西。依照懷特海德博士的看法，一天三餐應該按照體力狀況每次都吃等量的食品。她還勸告我們，每一餐都要包括動物和植物蛋白質的食物。

早餐隨意吃一點，衝出門趕早班車，然後開始工作，中午在雜貨店吃十五分鐘的速食，或是一邊開業務會議一邊吃午餐。這種情形在現代世界的男人們之中真是太常見了。為此，如果有必要的話，妳應該早一點起床，保證使妳丈夫吃一頓不慌不忙的營養早餐。有許多做妻子的把這個建議付諸行動，結果她發覺，情形很令人滿意。如果妳也常常出現這種情況，在早上開始一天的工作時，就覺得慌忙和緊張，那麼，就試一試這種方法吧，這種額外的時間安排會對妳大有好處。

如果妳很在乎丈夫的健康和壽命，請妳遵守下列原則：

注意丈夫的體重，就像注意自己的體重那樣小心謹慎

寫信給任何一家保險公司，向他們要一張體重和壽命的對照表。測量一下妳丈夫的體重，看看他有沒有超重百分之十。如果他出現超重這種情況了，趕快請妳的醫生替他開一張飲食清單。切記不要讓他自行減肥，或是服用大作奇效廣告的減肥藥品。在使用任何減肥方法以前，一定要去請示妳的醫生。盡力配合醫生的處方，把給丈夫吃的食物做得美味可口。不可以老是無可奈何的告訴他，這是為了他的身體好。只要真正做到，給丈夫的食物看起來吸引人，吃起來也很可口。

堅持要丈夫接受一年一次的內科、牙科和眼科的健康檢查

治病的最好辦法可以說就是預防了。許多死於心臟病、癌症、肺結核和糖尿病的人，如果他們的病症能夠在早期被發現，就可以及早預防了。許多人很會保養自己的汽車，但是不知道如何保養自己。這件事聽來雖然可悲，但確是事實。所以，妳一定要把妳的丈夫定期接受健康檢查這件事重視起來。

不要使丈夫疲勞過度

過度的勞累也許會增加他的成功機會，但是這也容易使他無法活得長久來享受多彩的人生。所以，如果升遷必須加上很大的壓力、緊張和過度操勞，妳就應該下定決心勸說他放棄升遷機會。不管怎麼說，為了美好生活的任何努力，都不應該以生命的枯萎為代價，否則意義何在呢？如果要用生命作為代價來換取賺大錢的機會，那麼妳應該同意妳的丈夫少賺一些錢。如果他對自己鞭策得太嚴了，妳應該鼓勵他滿足於稍低一層的成就。不要忘了，妳的態度對於丈夫要求自我的多少，往往發揮著決定性的作用。

讓丈夫得到充分的休息

抵抗疲乏的最好辦法，就是要在感覺疲倦以前就休息。短暫的放鬆心情，會有驚人的效果。如果妳的丈夫每天回家吃午餐，在他回去工作以前，讓他躺下來休息十分鐘或十五分鐘。

為他提供晚餐以前小睡片刻的環境，這可以使他多活幾年。美國軍隊每行軍一小時，就要強迫士兵們休息十分鐘。小說家索莫西．莫姆到了七十多歲，仍然能精力充沛的工作。他說他的活力是來自每天午餐後的十五分鐘小睡。邱吉爾吃過午飯後總是習慣在床上休息一、兩個小時。朱利安・戴特蒙到了八十多歲，還在紐約塔利頓一家全世界最好的苗圃裡很活躍的工作著。戴特蒙先生每天下午都要睡長時間的午覺，他說，午睡可以使人保持優美、寧靜的和諧生活。

讓丈夫享受快樂的家庭生活

愛嘮叨、愛指責他人的女人，對於丈夫的成功是一種障礙，因為她嚴重的傷害了自己的丈夫，以至於無法專心於自己的工作。當然，這對丈夫的健康也很不利。

經常處於憂慮和不快樂的環境中的男人，是很容易「突然間躺下去」的，他的內心那樣緊張，他的反射作用就不能適當的產生。他很可能會被一輛車子撞倒，或是在公路上把自己和旁人撞得粉碎，或是因為急躁而突發什麼要命的病。當然，他也有可能暴飲暴食。康乃爾大學的哈利・古德博士說：「人們在不愉快的時候，或是為了從壓抑或緊張之中得到解脫，他們往往會以暴飲暴食為發洩方式。」

對於人們來說，成功最主要的意義是什麼？就是要有足夠的健康去享受人生。然而，不管我們當妻子的人喜不喜歡，我們都應該對丈夫的身體健康負起責任。因為他的生命掌握在妳的手裡。

使丈夫廣受歡迎的三個方法

P．T．巴納姆（P. T. Barnum）以愚弄大眾而出名，他也稱為「欺騙大王」。有一次他大肆宣傳他有一匹頭尾倒生的怪馬，每人收費兩角五分，吸引了一大群觀眾前去觀看。其實這隻馬只不過是一隻普通的馬，牠的尾巴綁在馬槽這頭，倒退著走進馬廄裡。還有一次，一群頭腦簡單的傢伙在巴納姆的欺騙下去看「一隻櫻桃色的貓」。而這隻貓是黑色的，但是，巴納姆卻解釋說，有些櫻桃也是黑色的。已故的小弗洛倫茨．齊格菲爾德（Florenz Ziegfeld Jr.），曾經是一位出色的藝人。他自稱可以使女孩子變得美麗動人，能夠使任何一位身材姣好、儀態高雅的女士在使用了他的設備後，變成光彩奪目的美女。在演出的晚上，他送一捧花朵給劇場裡的每一位表演女郎。他如此使女士們覺得漂亮，因為他使她們受到如同美女一般的對待，自然就會煥發出光彩。

就像表演人員能夠用普通的貓和馬吸引大家，或是把一個女孩變成維納斯一樣，聰明的太太也可以用他們的方法，使她的丈夫廣受歡迎。

在工作業務的進展問題上，也許妻子無法幫上丈夫什麼忙，但是她只要肯努力，就能使丈夫在社交上受到重視。社交接觸往往會為丈夫帶來一些有價值的商業夥伴，因為大部分人都最喜歡和朋友合作共事，而不喜歡和陌生人在一起。不管他是賣貝殼、鞋帶或保險、開飛機或是經營小生意、為名人寫專欄或是主持一家大公司，一個人只要受到別人的喜愛，就會得到更多受益。既然結交朋友如此重要，那麼我們做妻子的應該怎樣做才能幫助丈夫結交益友，並使他廣受歡迎呢？以下有三個方法：

我們可以使丈夫受人喜愛

幾年前的一個晚上，我丈夫和我到後臺去探訪牛仔歌星吉尼·奧特利，那時候他正在麥迪遜廣場花園主唱。在演出休息時，我們便準備和吉尼以及他的太太伊娜一起去吃晚餐，可是，正在這時，有一群年輕人在出口處把我們擋回來了，他們要吉尼的簽名。晚餐的時間很短，但是吉尼很有耐心的向年輕人打招呼，在他們的節目單上簽名。

我向奧特利太太看了一眼，以為她可能會因為這個耽擱感到懊惱。她看到了我眼神裡的抱怨，就笑著說：「吉尼從不拒絕任何人，尤其是年輕人們。」伊娜·奧特利隨口說出的這一番話，比起一大堆雜誌和圖書所介紹的語句更能表達出她丈夫的天性，這句話總結出她丈夫和善、熱心和親切的優點。

我們當然可以很輕易的看出來吉尼·奧特利是受歡迎的。如果一個男人並不受人歡迎，他妻子的態度能夠對他有所幫助嗎？我認為答案是肯定的。

我認識一個女人，她的丈夫在社交上並不受歡迎，只是因為他的妻子有好的風度，大家才接納他。這個男人狂傲自大，喜好爭辯，缺乏耐心。但是，當他的太太把他不愉快的童年生活說給我聽以後，我對他的厭惡感，就轉變成同情心了。他是一個缺乏雙親的孤兒，從這個親戚家被轉送到那個親戚家，他始終過著被人拋棄的生活，根本就得不到親人的愛。知道他的故事以後，我就能理解他的行為了。雖然他的妻子無法使他受人喜愛，但是她至少替他的缺點贏得了同情心。

有一個善解人意的妻子是男人在事業上獲得成功的必要條件。「你看他妻子注視他的眼神，就知道他的本性絕不會是這種壞蛋了。」這句話足以說明上面這個道理。

我們可以使丈夫充分的表現出他的才華

有些女人總是用錯誤的行動，例如她們認為炫耀丈夫的辦法就是要炫耀自己，如果可能的話，她們就想穿貂皮大衣來炫耀炫耀。但是聰明的女人卻知道使用其他更好的方法。

在一次晚宴中，一位年輕的女士哭訴說，她想學會如何講述有趣的小故事，用以加深她丈夫的朋友對他們的印象。我用了很長一段時間才說服了她，並告訴她說如果讓她丈夫來講這些小故事，效果將會更好。還有一些其他情形，例如有個女人吸引住了全場的注意力，而她的丈夫卻被人冷落在角落裡。

加深朋友們對丈夫的印象，最簡單的方法就是在自己家裡舉行宴會，創造良好的環境，使丈夫完全表現出他所擁有的特殊才華——如果這些才華能夠使別人得到樂趣的話。每天的業務工作，使人很難有機會展現他出眾的才能，但宴會卻是最完美的機會。

例如卡蒙隆·西普是一位著名的舞臺和表演人物的傳記作家。卡蒙隆天生喜好和朋友交際。通常，他的妻子凱薩琳總在他們的院子裡宴請朋友。借助這樣的機會，卡蒙隆可以用木炭燒烤他最拿手的牛排，並且他善於在這種非正式場合中說一些機智的笑話。

還有紐約的約瑟夫·福萊斯醫生，是一位成功的小兒科醫生，同時也是一位天才的業餘魔術師。他的妻子瑪麗琳經常邀請朋友們來家裡做客，而這些賓客常常會被招待觀賞一場即興的魔術表演。約瑟夫是表演的主角，而他的妻子瑪麗琳就充當助手，有時候他們的兩個兒子也幫忙助陣。

這些廣受歡迎的男人，很幸運的擁有這樣的妻子，願意隱藏自己，讓社交場合中的注意力完全集中在她們的丈夫身上。她們把自己隱藏起來，讓丈夫大出風頭。她們把自己退居為次要角色，因而建造了家庭生活的和諧美滿。

透過改變話題，使丈夫表現出最大的優點

一個業務高手，到了社交場合卻啞口無言，這種事情是很平常的。他沒有談天的經驗，更不知道應該從何說起。一個機靈的妻子就是這種男人最好的朋友了。她能夠很自然的引領自己的丈夫參與談話，使丈夫毫無困難的接著說下去。

比如，「你們說的這些話讓我想起了上星期吉姆和一個顧客在一起談的事。」、「他告訴你什麼呢，吉姆？」這是一招好棋，可以使吉姆很自然的說下去。即使是世界上最害羞的人，如果談起了他感興趣的事情，就不會再畏縮了。

有一位年輕太太告訴我，她如何使她的丈夫從一名「隱士」變成一個喜愛參加宴會的人。她說道：

「華爾特一向是個熱心、受人喜愛的人，但是，只有他親近的朋友才知道，他很少主動去認識新朋友。他的自我意識，使他看起來冷漠而毫不開心。我希望他能得到人們的喜歡和重視。

如果我主動指出他的缺點，只會使他更加難過。所以我想出了一個計畫，要在他不知道的狀況下幫助他。不管我們到哪裡去，我都想辦法找個喜愛攝影的人。因為華爾特愛好攝影，於是我把這個人介紹給華爾特，讓他們成為好友。

他們有共同的語言，有相同的嗜好，慢慢的他開始表現出他真正的個性。當他想談其他話題時，也會感到容易多了。我時常把他將要碰到的新朋友做個重點介紹，使他從中找到一些談話的線索。

也許是我們做的小小的努力起了作用，華爾特的整個社交外貌都改變了。現在他很喜歡參加宴會，認識新朋友。當人們告訴我：『真羨慕妳，妳丈夫實在了不起』的時候，我覺得驕傲和快樂。」

和華爾特相反，有這樣一位銷售保險的人。他很喜歡研究槍炮的歷史，他的腦子裡充滿了這方面許多不尋常的、稀奇古怪的知識。但是，他的這些優點卻沒有人知道，因為他的太太從來不會讓話題超出她自己所知道的範圍。這說起來實在有些悲哀。

如果妻子要使丈夫普遍的受歡迎，只要精通以上三個方法：使他受人歡迎；表現他的才華；改變話題，使他表現出他的最大優點。

發揚丈夫的優點

妳對丈夫的態度往往會成為他人對妳丈夫印象的參考。事實上，在宣傳丈夫方面，沒有一個宣傳員會勝過一個聰明的妻子。朵洛西．狄克斯說：「我們時常覺得，我們之所以會認為瓊斯先生是位大人物，認為史密斯醫生是個偉大的醫生，都是因為他們的妻子這樣告訴我們的。」

前不久，我打電話給本地一位家庭用品經銷商，詢問關於家電冷卻系統的問題。經銷商的妻子接了我的電話，並回答了我的諸多問題。接著她說：「當然，卡內基太太，對於冷卻系統，我丈夫是個真正的專家，如果妳願意的話，讓他到府上看看，他可以向妳推薦一種妳所需要的送風機型。我對妳的問題只能猜猜看，但他卻能幫妳解決根本問題。」

當這位男士到我家裡來勘察的時候，我早就因為她妻子對他的信任而信服他了，而他所需要做的只是跟著看看，交易就完成了。

大多數人都有一種傾向：會依照我們給他們的性格去生活。如果你誇耀小孩子聰明，那麼他就會比從前更加聰明。讚美他的禮貌，他的態度將會更加改進。和人相處時，假設他已經受到成功人士般的對待，那麼，在無意間，他就會開始表現出能夠成功的特質。專業人員的妻子，似乎特別精於替她們的丈夫創造出能幹的印象。「我不能出席宴會真的很遺憾，」她們會傷心的告訴妳，「但是畢爾現在忙得不可開交，他正要處理有名的瓊斯公司的訴訟事件。」她們也會有意無意的這樣驕傲的說：「下星期鮑伯必須在本區的醫學討論上演講。他太忙了，連我都很少看到他呢。」

這些女士隨口說出的幾句話，就對別人製造出一種心理印象：彷彿她們那些年輕有為的丈夫必須使用球棒擊走一個個訴訟委託人（或病人）才有喘一口氣的機會。真正有涵養的男人不喜歡誇耀自己，但是，如果讓他的妻子為他吹噓一番，只要她保持良好的風度，那麼就會產生很好的效果。

有一次在宴會上，我很高興碰到一位我很喜歡的演員和他的妻子——安東尼·甘伯·庫柏夫婦。我很喜歡看庫柏先生的電影。他的妻子覺察出我的興趣，便告訴我一些關於他早期演藝生涯的事情，都是我從來沒有聽說過的，他在倫敦老維克多劇院的事，他和許多明星排演莎士比亞戲劇的事。對於這些意外的收穫，我真的很高興。回家的時候，我對他的藝術修養有了更深的欽佩，這真要感謝庫柏夫人。

芭蕾舞演員摩斯西琳·拉金嫁給了利西亞·亞辛斯基。她是芭蕾舞團的明星，而且還是像亞利西亞·馬爾柯法和亞歷山杜拉·丹尼羅法這種偉大藝人的跳舞搭檔。

亞辛斯基先生和他的妻子組織了一個他們自己的舞團，在全國巡迴表演。當摩斯西琳還是個小芭蕾舞演員的時候，我們兩個就認識了。我問她這個計畫進行得如何。

「真的很好！」她說，「妳知道，亞斯加（她先生的暱稱）一直想要組織一個舞團，現在他實現了自己的願望。他不只跳舞，而且還要充當導演與舞團的經理，他現在做得好極了。」

由於許多傑出的演藝人員沒有管理能力，現在他的妻子說他擁有經營才幹，這就為亞辛斯基先生的名氣又增加了不少光彩。

專業人員和商業經理人都知道妻子的重要性。而他們的妻子又是他們打向世界的宣傳員。在芝加哥商會的集會上，芝加哥律師協會會長柯西曼．畢塞爾告訴會員們，不可以低估妻子們在幫助自己的成功上所具有的能力。

「好好的恭維你的太太，」畢塞爾先生勸告這些前途無量的、年輕的商業界和工業界領導人物，「你的妻子可能是你最好的推銷員，只要她掌握一個平衡。她能夠很得體的誇獎你，但是你卻不能學到她那種良好的風度。」

她不僅能夠使別人注意到她丈夫的長處外，還可以將丈夫的缺點減到最低限度。

每個人都有自己的缺點。貝多芬是聾子，拜倫是跛子，拿破崙怕在大眾面前演講，甚至連勇猛無比的亞契爾斯也有他的弱點——他的腳跟。而關鍵在於，男人的錯誤有時候會阻礙他的前程，但是女人的錯誤往往只會影響到她在家庭和社交上的成功。

例如，每一位商業界人士都會說，記住別人的姓名和容貌有多麼的重要，然而他們之中大部分人都會接著說，其實做到這一點是很難的。與其為丈夫差勁的記憶力而遺憾，倒不如訓練自己去記住那些名字。當妻子發覺丈夫正在猶豫不決時，趕快幫個忙。比如每當我們要去會見一群人的時候，我就事先設法查出其中一些人的姓名，然後才能更好的幫助我的丈夫。我也盡量在談話中重複提起我們遇到的人的名字，使他能夠聽見，「戴爾，你記得魯賓遜夫人吧。她剛才告訴我關於雷克．路易斯的事。妳最近到過那裡嗎，魯賓遜太太？」雖然這個小技巧並不算什麼，但它卻能把我丈夫從許多困窘和焦急裡解救出來。當然，為了要幫助他，我必須訓練自己去聽和記許多名字，但是，我比他有時間去做這件事。有了訓練和想要這樣做的欲望，任何一位妻子都可以使她自己成為丈夫有價值的記憶幫手。

如果一個女人願意為丈夫付出，那麼透過她的努力，她還能夠補足丈夫某些訓練上或是教育上的不足。許多自學成功的大人物，都是由於他那富有學識和教養的妻子相助，才獲得成功的。

現代人的忙碌及專業學識的局限，都促使他們沒有機會或時間去學習其他東西了。這種人如果有個妻子，能夠在一群人談及音樂、文學及相似話題的時候應答如流，他是多麼幸運。

有些男人太謙虛了，這對他自己不見得是件好事。如果妳的丈夫就是那種習慣於看輕自己成就的人，那就會有一種危險，別人也真的會嚴肅而決定性的認為，他確實不是一個有才幹的人了。

那麼有什麼辦法可以幫助他嗎？以下有幾點建議，能夠幫助一枝乾枯的紫羅蘭重新綻放花朵：

◎在他耳邊經常提起他曾經做過的、成功的事情。

◎利用機會盡量向他發問，鼓勵他發表自己的意見。

◎多和能夠欣賞與激勵他的朋友來往。

也許妳的丈夫給他人的印象並不能正確代表他的內在價值。但是，這個印象的確也影響著某些人對他的看法。所以，妳何不幫助他留給別人一個好的印象呢？

提升愛情的品質

「少年犯罪的主要原因之一就是因為他從小就認為自己缺少愛。」紐約市少年家庭董事會祕書、社會工作專家艾西爾．□．懷特先生在社會工作討論會上說了這樣的話。我和我丈夫都認同這種說法，我們曾經在奧克拉荷馬州艾爾雷諾的聯邦少年感化院，對少年犯們講授關於人際關係的課程。

這些不幸的孩子都渴望著有人來愛。有個少年說，他的母親從不回信給他，後來他寫信告訴他母親，說他正在上一些課，這些課程使他覺得已經把自己的外貌改變得比以前好多了。不久他母親寫信給他，說她認為他已經無藥可救，監獄就是他最適合去的地方。還有一個十九歲的男孩湯米，他的生命裡有十年以上的時間是在孤兒院和感化院度過。他說：「我渴望愛心，我渴望被人溫暖。但是從來就沒有人愛我或要我。在我十六歲以前，我沒有得到過一件聖誕禮物。」

正是由於這種情感的過度缺乏，才常常引發他們犯罪，以補償這種基本的缺陷。就像一個餓昏了的人，當他找不到食物的時候，也會吃下對身體有害的雜物。

愛是我們的精神食糧，如果沒有愛情，我們的道德心就會彎曲變質。心理學家高爾頓・威拉德・奧爾波特（Gordon Willard Allport）說：「一個普通人所能說的最正確的話就是，他從來不會覺得，他的愛或是別人給他的愛已經使他滿足了。」

的確，愛的潛力是無限的，就如同原子能那樣大。愛情能夠產生，而且的確每天都產生了奇蹟。妳給妳丈夫的愛，是他成功的基本因素。因為，如果妳真心愛他，妳就會心甘情願的盡妳所能去做每一件事，使他快樂或成功。

妳與丈夫之間的愛情方式，也影響著子女的幸福。保羅・柏派諾博士是美國家庭關係協會會長，他在全國教師家長聯誼會上演講說：「教師家長聯誼會，如果願意在年會裡完全不談小孩子的事情，而討論如何使丈夫和妻子更加相愛，這樣也許對小孩子的幸福更有益處呢。」

那麼，我們怎樣做才能提升愛情的深度呢？請看以下這些建議：

每天都要表現出愛心

世界上最可悲的事莫過於失去之後才知道曾經擁有。一位傷心的遺孀曾經這樣說：「吉姆從來就不知道我愛他、需要他。現在，我們已經天人永隔了，吉姆他永遠都不會知道了，那些失去的歲月，永遠不會回來了！」

其實，類似這個女人的例子有很多。在對一千五百對以上已婚夫婦的研究裡，路易士·M·特爾曼博士和他的同事們發現，男人認為在造成婚姻不和諧的最普遍的原因裡，妻子不懂得表現愛情是第二大原因，僅次於妻子的嘮叨。

妻子可能每天都會準備好吃的穿的用的，但是她唯獨不懂得每天給丈夫一份愛心。如果丈夫失業了，患了結核病或是被關進監獄，妻子能夠表現出岩石般的堅強，不斷的幫助丈夫。但是，當生活正常平穩的進行時，妻子就忙得忘了告訴自己的丈夫：其實她是那麼的在乎他。

不知道妳對這幾句話有何感受：據說女人可能是為了安全感、生小孩、擁有自己的家，或是避免當個老處女才結婚的。很大一部分女人都認為，她們是應該被愛護，聽人對她說些甜言蜜語的。在我的經驗裡，我發覺這個說法是正確的。通常，抱怨自己的丈夫忽略她們、不知道讚揚她們的女人，往往也吝於對丈夫去讚賞、去示愛，反而時常挑剔和批評丈夫。她們正是威廉·柏林吉爾博士所描述的那種神經質的女人：「有些人由於過分的愛自己，因此她們願意分給別人的愛實在太少。」反過來說，最能夠體貼的表示出愛心的女人，也能從丈夫那裡得到更多的關注更多的愛護。

研究婚姻關係的權威專家德洛西·狄克斯說道：「妻子們總是抱怨說，她們的丈夫把自己的存在看作理所當然，從來就不讚美她們，從不認真的審視她們的衣服，更沒有稱讚過她們的外表。但是，這些女人對待她們丈夫的態度也同樣冷淡。妻子們在這種冷漠中奇怪的發現：為什麼自己的丈夫會追求那些懂得稱讚他們英俊、雄偉、健壯與奇妙的迷人的女人。愛情的飢渴並不是女性專有的願望，男人的這個願望也許更加強烈。」

有些女人故意利用男人的這種對於愛情的渴望，抑制對丈夫的愛心，企圖用以獲得她們想要的東西。在馬里蘭高等法院有一個案件就是這種情形。爭論的問題是：妻子是否可以向丈夫索求她所希望的錢，否則就不和自己的丈夫說話。法院判這女人敗訴並給出了一個正當的理由，一個妻子不可以對自己的愛情定出價錢。

其實，把夫妻間對愛情的冷淡叫作「精神食糧不足」是一個很恰當的比喻。因為，男人不是只靠麵包就活得下去，有時候，他也需要一塊愛的蛋糕，當然，最好在上面撒一點糖。

培養一種好心情——對事情看開一點

責任心過重的妻子，常常會患一種完美主義者的毛病。孩子們的行為要管；晚餐要做得美味可口；家裡要一塵不染等等。完美主義者常常過分注重細節，而忽略了重要的大事，這對經營家庭是很不利的。事實上，家庭中的很多矛盾的產生，往往就是因為妻子是個完美主義者。因此，當不愉快的事情發生的時候，要以好的心情去接受，不要因小失大，這樣就可加強夫婦間的愛情。

在喬治．吉恩．納森有趣而誇大的說法裡，也包含著一定程度的真實性：「以我的經驗來說……愛情和完好的事務常常是無法並存的。當我看到一個家庭整理得太潔淨時，通常我會覺得，而且接著就發現，他們夫婦相互之間的愛情就像他們機械化的家庭那樣，已經達到高度冰凍的程度了。溫暖的愛情，以及這種感情所帶來的升溫的幸福，總會造成不經意間的凌亂，至少在某種程度上會是如此。所以我認為，從來沒有一個深摯而熱情的愛著丈夫的女人，能夠甘心或有把握做一個完美的家庭主婦。」

讀了這些話之後，也許妳會馬上猜到納森先生是個單身漢。但是，他所說的話是值得深思的，尤其對那些只注視著樹木而忽略掉整片森林的妻子來說。

要有寬大的胸懷

世界上最幸福的事莫過於兩個互相深愛的人步入神聖的婚姻教堂。愛情就是給予，要給得豐富與慷慨。有些妻子願意在許多事情上做犧牲，但是常常在很小的問題上缺乏慷慨，如嫉妒丈夫從前的女朋友。如果妳的丈夫不經意間提到他以前的女友，這時妳問他，那個女孩子現在是不是仍然那麼固執、那麼不講理的話，那妳就太吝嗇、太不夠慷慨了。妳應該讚美那女孩的好處，假如妳想不出來，也應該編造一些「善意的謊言」。

在我父母結婚之前，父親曾經和一個迷人的紅髮少女訂婚。我記得每當母親讚美那個女孩美麗和有人緣的時候，父親總是不好意思的笑著，一面又裝出「跟我沒關係」的樣子。當然，在父親眼裡，母親永遠是最好的，這一點母親也曉得。但是母親能夠欣賞那女孩的眼光，這總是很使父親高興的事。

對於每一件小事，都要表示謝意

當丈夫帶妻子到戲院過了一個愉快的晚上，送給妻子一束紫羅蘭，甚至只是每天早晨倒掉垃圾，他也很希望聽到妻子的道謝。如果他所做的每件事情，得不到妻子任何感謝的話，毫無疑問，這個丈夫就會減少或停止取悅他妻子的行為。我們之中有些人，不知道丈夫每天為我們做了多少服務，那是因為我們已經把這些事當成是丈夫的義務了。我曾經認為我丈夫沒有幫過我什麼忙，以為哪怕要他去倒杯水來喝，對他來說也是個大工程。他不會換小孩的尿布，或是旋緊一把漏水的水龍頭。然而，有一次他去長時間的出差，我才很驚訝的發現，他每天都為我做了許許多多的瑣事，而我卻沒有向他說過一聲謝謝。我知道，現在，我必須自己去做那些事了。

要互相諒解和體貼

當丈夫勞累了一天想要休息一會的時候，妻子卻穿好衣服想要出去，這種做法是不可取的。具有深摯愛心的妻子，應該先了解她丈夫每天在外面工作後的需求，然後才跟著盤算自己的需求。

我也是很辛苦才懂得了這個事實。就在我的蜜月裡，戴爾和我在奧克拉荷馬城度過了我們婚後的第一個星期。在那裡，他正在進行為期一週的系列演講。而我則全心全意的幻想著蜜月期間那讚美的語句，羅曼蒂克的情調，燭光和小提琴的演奏聲。然而，我發覺自己只是坐在旅館的房間裡，始終是獨自一人，在孤單的房間裡欣賞著我的嫁妝，那時我的新郎正和委員們坐在一起，一面研究他的演講稿，一面和贊助人討論著。他太忙碌了，有時候我想要見他還必須與他事先預約。在那些我們能夠共處的短暫時刻裡，我一直對他表現出嗔怒和不悅。

到了今天，我認為自己很幸運，那時候他沒有把我的行裝整理好送我回媽媽那裡，直到我能夠學會成為一個大女孩，而不再是一個嬌縱的不懂事的小孩子。

上面說的這些，是不是就像妻子所做的許多沒有報酬的努力？妻子在一生中慷慨的奉獻給丈夫的愛情，難道丈夫都不知道感謝嗎？我敢肯定，丈夫會感謝的！我就看過一個十全十美的妻子，得到了丈夫的敬愛。現在我的桌上就有一封信，是華威克・C・安格斯寄來的。安格斯先生所說的話，也是為其他許許多多幸福的丈夫們說的：

「也許正是因為我遇到了我的妻子，所以我才比大部分的男人更加幸福。我所能給她的最大讚賞就是對她說，如果我能夠回到三十二年前，而且了解我現在了解的事情，我仍然會在千萬人之中選擇遇到她，並和她結婚，當然，首先是她願意嫁給我！我所獲得的任何成功，都直接來自這位可愛妻子的同行。」

成功在沒有了愛情之後又有什麼意義呢？缺乏愛情，財富和權勢也就等於廢物和灰燼了。如果妳的丈夫從妳的摯愛中得到了安寧和幸福，那麼，他帶給妳更高生活水準的機會也就大大的增加了。

電子書購買

國家圖書館出版品預行編目資料

卡內基夫人致女人：事業 × 愛情 × 婚姻 × 社交，女性成功學專家陶樂絲·卡內基獻給每位人妻 / [美] 陶樂絲 · 卡內基（Dorothy Carnegie）著；梅子編譯 . -- 第一版 . -- 臺北市：崧燁文化事業有限公司 , 2023.03
面； 公分
POD 版
譯自：How to help your husband get ahead in his business and social life.
ISBN 978-626-357-158-7(平裝)
1.CST: 夫妻 2.CST: 兩性關係 3.CST: 生活指導 4.CST: 成功法
544.143 112001202

卡內基夫人致女人：事業 × 愛情 × 婚姻 × 社交，女性成功學專家陶樂絲·卡內基獻給每位人妻

臉書

作　　者：[美] 陶樂絲 · 卡內基（Dorothy Carnegie）
編　　譯：梅子
發 行 人：黃振庭
出 版 者：崧燁文化事業有限公司
發 行 者：崧燁文化事業有限公司
E-mail：sonbookservice@gmail.com
粉 絲 頁：https://www.facebook.com/sonbookss/
網　　址：https://sonbook.net/
地　　址：台北市中正區重慶南路一段六十一號八樓 815 室
Rm. 815, 8F., No.61, Sec. 1, Chongqing S. Rd., Zhongzheng Dist., Taipei City 100, Taiwan
電　　話：(02) 2370-3310　　傳　　真：(02) 2388-1990
印　　刷：京峯彩色印刷有限公司（京峰數位）
律師顧問：廣華律師事務所 張珮琦律師

定　　價：299 元
發行日期：2023 年 03 月第一版
◎本書以 POD 印製